アイヌの権利とは何か

新法・象徴空間・東京五輪と先住民族

テッサ・モーリス＝スズキ
市川 守弘

かもがわ出版

はじめに

北海道日高浦河の杵臼コタンで1935年に生まれた小川隆吉《りゅうきち》エカシ（エカシ＝アイヌ語で長老の意）は、最近、体調が思わしくなく、往年の体力はすっかり影を潜めてしまいました。でも、長年、民族の権利を求めてたたかってきた意志力に衰えはありません。札幌の老人入居施設を住まいとしながら、新聞を読み、ファクスで思いを発信する毎日です。私に届いたファクスには、北海道白老町に国が設けたアイヌの「民族共生象徴空間（ウポポイ）」についての記事「来月開業できる?」（2020年3月9日付北海道新聞）に、こんなコメントが付いていました。

〈すべてやめてください。小川隆吉〉

隆吉エカシには、「象徴空間」に賛同できない思いが募ります。その敷地内に慰霊施設が設けられ、そこに2019年末、アイヌ人骨1200体余りと200余箱が入れられたからです。この遺骨は戦前から戦後にかけて、北海道、千島、樺太などの主にアイヌ墓地から人類学者たちが発掘して持ち去ったもので、北海道大学をはじめ全国各地の大学が保持し、研究対象にしてきました。近年、日本政府は北海道アイヌ協会などと協議しながら、大学にあるアイヌ人骨を「象徴空間」の慰霊施設に移す計画を進め、集約作業は実行されました。

しかし、隆吉エカシには、アイヌ人骨が大学の倉庫から「象徴空間」の慰霊施設に移管されたことでアイヌ遺骨の問題が解決した、とは到底思えないのです。

アイヌ遺骨はコタン（アイヌの村落）の墓地から発掘されて持ち去られた。それなら、元のコタンの墓地に返還されるべきではないのか。アイヌの葬送習慣は土葬なのだから、土中から掘り出されて持ち去られた遺骨がコンクリートの壁に囲まれた建物の中に置かれているのでは、いくら「丁重」に扱われても死者に安心をもたらすことはできないのではないか――。

慰霊施設に遺骨を移管した人たちには、どうしても埋葬したくない意図がありそうです。研究をあきらめきれない人類学者の隠された願望が見え隠れするのです。

アイヌ民族の復権を訴えてきた小川隆吉エカシは長年、持ち去られた遺骨をコタンに取り戻したいと願ってきました。北大医学部キャンパスの一角に「アイヌ納骨堂」があります。北大が持ち去った千体余の遺骨が置かれていた建物です。北大は長い間、アイヌ遺骨をオオカミの頭骨などと一緒に研究室に陳列していましたが、１９８０年代、アイヌ遺骨が北大に持ち去られたことが問題となり、アイヌ納骨堂を作ったのです。納骨堂と言っても正式な名前は「標本保存庫」というようです。私は何度か、隆吉エカシに案内されて納骨堂を見に行きました。1987年には中に入ったこともあります。その時のアイヌ遺骨は青いプラスチックのケースに入れられていました。仏教僧侶である私の目にも、とうてい丁寧に安置されている「ご遺骨」とはいいがたく、標本が保存されている倉庫としか思えませんでした。納骨堂を見学した数日後、日高に出かけ、アイヌの古老に遺骨発掘の記憶を聞き取りました。その時の記録に、杵臼コタンの古老が若いころ、昭和の初期にコタンの墓から遺骨が発掘される現場を見に行った時の証言があります。

「私が17歳の時に北大の教授が持っていった。死亡して3年から6年足らずの新しいものだった。キナ（遺体を包むむしろ）もしっかりしていて肉も付いたままブリキ缶に入れてハンダでしっかり封をした……」

遺骨発掘と言いながら、墓暴きというべき異常なものだったことがわかります。その時、コタンには「ペウタンケ」（危急を知らせるアイヌの叫び声）が響いたそうです。

隆吉エカシが今につながる遺骨返還請求の裁判に取り組むきっかけになったのは、北大医学部の学生からの電話でした。2008年1月の午後、昼食を済ませた隆吉エカシの携帯電話が鳴り、「小川さんが探していたアイヌ人骨台帳と思われるものが見つかりましたよ」と告げられたのです。この電話から7日後に市川守弘弁護士事務所を訊ね、北大への情報開示請求が始まりました。北大は言を左右にして文書を公開しません。何度も請求文書を出し続けて、それなりの文書が入手できたため、文書の解読を進めようと結成したのが「北大開示文書研究会」です。清水裕二さんと私が代表になりました。

2012年2月、そぼ降る雪の中、隆吉エカシと、やはり杵臼コタンで生まれた城野口ユリフチ（フチ＝アイヌ語でおばあさんの意）が北大に出かけ、総長との面会を求めます。しかし、北大は入り口に4人のガードマンを立たせて入室を拒みました。北大の仕打ちにすっかり腹を立てた2人はその年の9月、遺骨返還を求めて提訴しました。北大に持ち去られた遺骨の中には、隆吉エカシの先祖、小川海一郎さんの遺骨もありました。

ユリフチには、亡くなる2か月前の母親から突然、伝え残された忘れられない言葉がありました。

「先祖に対して申し訳ないことがある。北大病院の医者達が、黙ってオラのエカシやフチ、アチャ（父）、ハボ（母）達のお墓を掘り、穴だらけになっていたのが情けないんだ。お前も見たので覚えているだろう、ユリ。オラは何時どうなってもかまわないが、先祖のもとに行った時、『マツ！お前はその年まで婆婆にいて何をやって来たんだ！折角収まっているオラ達先祖のお骨をコタンに戻してもらう事ができなかったのか？』とオテッキナ（怒鳴られる）と思うと、死にきれないのだよ。ユリ、頼むから北大にあるオラの先祖のお骨を杵臼コタンに返して欲しい。何とか努力してくれ！」

（遺骨返還請求裁判の意見陳述書より）

裁判は3年半争われました。和解が成立する前年の2015年3月、ユリフチは遺骨の返還を見ることなく命終しました。姉の葬儀に帰ってきた弟の山崎良雄さんがユリフチの遺志を受け継いで裁判に参加します。2016年3月に裁判所の仲介で和解が成立し、7月、北大が霊柩車で12体の遺骨を運び、85年ぶりに杵臼コタンに返還されたのです。その時、北大から謝罪の言葉はありませんでした。遺骨を受け取ったアイヌは厳かにカムイノミ（神への祈り）を執行し、アイヌ墓地へ再埋葬しました。歴史家の榎森進氏は「遺骨返還はアイヌの歴史でアイヌが勝利した初めてのケースとなった」と評価しました。その後、浦幌、紋別、旭川でも提訴があり、和解を通して遺骨返還が実現します。

明治時代を迎えるまで、蝦夷島《えぞがしま》の松前藩領だった「松前地（和人地）」から北はアイヌ民族が生活してきた大地でした。アイヌは自分たちの住む大地をアイヌモシリ（人間の静かな大地）と呼び、コタンを拠点に狩猟、漁撈を営み、様々な生産活動が営まれました。アイヌが生活するコタンには自ずと行政権や司法権が成立し、アイヌの宗教が信じられ、自治的な生活が営まれました。松前藩や場所請負人との交易も行われました。対外的には松前藩からの支配と被支配の関係があり、場所請負人などからの強制労働など様々な困難もありましたが、対内的（コタンの内部）にはアイヌの自治権や自己決定権が行使されていました。イオル（コタンの人々の生活生産空間）では狩猟や漁撈、農耕や野草の採取などがコタンの意思によって行われる、アイヌの自由が残っていました。

アイヌが一方的に自由を奪われ、犠牲を強いられるのは日本が近代を迎えてからです。明治政府は天皇を戴く日本という出来たての国民国家に蝦夷島を編入し、北海道と改称して植民地とし、アイヌの戸籍を作り、和人化を図ります。そこから、アイヌ民族の苦難の歴史が始まりました。アイヌが使用してきた土地は無主の地とみなされて取り上げられ、狩猟権、漁業権も一方的に取り上げられます。同化政策が押し付けられ、アイヌの文化は否定されます。内地から移入してきた和人の多くはアイヌを差別し、アイヌは自らに誇りを持つことができず、差別と貧困のうちに過ごさなければならなくなりました。アイヌは「滅びゆく民族」とみなされるようになり、遺骨は好奇な目で人類学者の研究対象にされるようになります。アイヌ人骨と副葬品の盗掘、買収、大学への持ち去りはこうして起こったのです。このような事態はアジア太平洋戦争が終わっても続きました。

しかし、アイヌは「滅びゆく民族」ではありませんでした。誇り高いアイヌの先人たちは権力や和人の側からの差別と抑圧に抗してたたかい、優れたエカシやフチがアイヌ文化を体現し、歴史に名を遺しました。コタンとしての自治権は破壊されながらも、なお各地でアイヌの集団は維持されてきました。しかし、植民者の圧倒的な優位は続きます。

2007年、「先住民族の権利に関する国際連合宣言」が採択されました。翌年には、日本の国会で「アイヌ民族を先住民族とすることを求める決議」が満場一致で可決され、アイヌ先住権をめぐる新たな時代が始まったのです。この年に小川隆吉エカシが北大にアイヌ遺骨に関する文書の公開を請求し、先住権の行使としての遺骨返還のたたかいが始まったのは偶然とは思えません。

政府は2019年、「アイヌの人々の誇りが尊重される社会を実現するための施策の推進に関する法律」(「アイヌ新法」)を成立させ、翌2020年、「民族共生象徴空間(ウポポイ)」のオープンを迎えたのです。これにより、アイヌが求め続けてきた先住権はどうなるのでしょうか。それが、この本が読者に届けようとするテーマです。

和人である私は北海道への移民の末裔であり、抑圧者の側に生きてきました。遺骨問題は日本の国家と和人の問題だという、アイヌの声を真摯に受け止めたいと思います。

本書は、北大開示文書研究会メンバーでもあるオーストラリアの歴史学者、テッサ・モーリス＝スズキ氏の論考を第1部(Ⅰ)とし、第2部(Ⅱ)ではアイヌの人々の声を聞いていただき、市川守弘氏の論考とともに本当の先住権とは何かを考えます。日本社会がアイヌ先住権の課題を共有することで、異なるものが共に生きる真に豊かな共生社会へと歩みだすことを願ってやみません。

北大開示文書研究会 共同代表

殿平　善彦

アイヌの権利とは何か——新法・象徴空間・東京五輪と先住民族●目次

はじめに　殿平　善彦　3

I　「アイヌ新法」と日本政府

第1章　演出された民族共生　テッサ・モーリス＝スズキ　19

理解求めてアイヌは踊る
欠落した集団的権利
政府が描いたデザイン
失敗した代表の任命
宙に浮く地域の声
計画につきまとう影
持ち去られた遺骨の行方
同意なきDNA研究
象徴空間を超えて

第2章　世界の先住民族とアイヌ　テッサ・モーリス＝スズキ　58
遺骨は語りかける
深く聞くということ
意見交換は尽くされたか
「権利」のためにではなくて「管理」のための法律
観光資源化に抗して

第3章　「共生の五輪」と先住権　テッサ・モーリス＝スズキ　76
「共に歌う」というビジョン
アイヌの歴史と日本国家
争点となった遺骨
オリンピック・パラリンピックを越えて

Ⅱ　先住権とアイヌ民族

第1章　アイヌの誇りを胸に　葛野 次雄・楢木貴美子・差間 正樹　93

ⅰ　父から子へ受け継ぐ

ⅱ　樺太アイヌの「戦後」

ⅲ　先住民族として生きる

第2章　アイヌ先住権の本質　市川 守弘　128

国連宣言を指針として

行政施策のための「アイヌ新法」

遺骨をめぐる新法の問題点

「地域返還」方針のごまかし

歴史が示す先住権の範囲

アイヌ先住権の主体はコタン
集団の権利と個人の権利
どのようなサケ漁か
先住権の議論こそが必要

「人間として生きる権利」の回復を求めて――結びに　清水　裕二　153

資　料

関連年表　162
先住民族の権利に関する国際連合宣言・国会決議　166
アイヌ施策推進法（「アイヌ新法」）・附帯決議　178

装丁　小島トシノブ

I　「アイヌ新法」と日本政府

第1章　演出された民族共生

テッサ・モーリス＝スズキ

理解求めてアイヌは踊る

２０１８年5月14日、日本政府のアイヌ政策推進会議は、安倍政権が２０２０年までの制定を望む「アイヌの人々の誇りが尊重される社会を実現するための施策の推進に関する法律」（いわゆる「アイヌ新法」）の主な特徴をまとめ、報告書を提出しました[1]。この法律は、先住民族の権利に関する国際的なアプローチが変容する中で、長期にわたり積み重ねられてきた議論、抗議、立法上の変化などを踏まえたもののはずでした。日本は２００７年の「先住民族の権利に関する国際連合宣言」（ＵＮＤＲＩＰ）の採択に賛成の一票を投じた全１４４か国のひとつです。この先住民族の権利宣言は、（他の様々な権利のうち）先住民族の伝統的な生活を支えた土地や資源への権利を承認し、過去に支配国家が先住民族から強奪した文化財・遺骨・副葬品などの返還、賠償、そして権利の復元を促すものです[2]。この宣言に応えて、日本の衆参両院は２００８年、アイヌ民族を先住民族として認知することを満場一致で（遅ればせながら）決議し、政府は、アイヌ政策の未来についての10年間にわたる審議プロセスに着手しました。この審議の主な成果として、２０１９年に成立したのが「アイヌの人々の誇りが尊重される社会を実現するための施策の推進に関する法律」、いわゆる「アイヌ新法」です。

しかし、その新法なるものが、はたして国連宣言への日本のコミットメントをどの程度まで満たすことができたのでしょうか。新しい法律は本当に、植民地主義による先住民族の排除から、民族間の平等、尊厳、そして「彼ら自身の必要性と利益に従って発展」（国連宣言）するための権利奪回に向かう手助けとなりうるのでしょうか。先住権の重要な側面についてアイヌ社会で活発に繰り広げられている議論、その中でも日本政府の狙いとは異なる立場からの声を含んだ議論は、法案審議のなかで考慮されてきたのでしょうか[3]。

これらの疑問に答えるには、過去30年ほどの間に、先住権獲得のため日本国内でふまれてきた過程をもう少し詳しく検討する必要があります。

１９９７年、日本政府はそれまで約1世紀にわたってアイヌ民族を縛りつけてきた同化政策色の強い「北海道旧土人保護法」をようやく廃止し、新しく「アイヌ文化の振興並びにアイヌの伝統等に関する知識の普及及び啓発に関する法律」（「アイヌ文化振興法」）を成立させました。この改革は

10年以上にもわたるアイヌ諸団体の抗議と活動の成果として起こったものです。

１９８４年、社団法人北海道ウタリ協会（現在は名称を変えて公益社団法人北海道アイヌ協会）が呼びかけて地方レベルでの審議がはじまった「アイヌ民族に関する法律（案）」（84年新法案）では、それがもし成立すれば、アイヌが国や地方の議会で一定の議席を保有し、アイヌ文化と言語の伝承、伝統的な漁業や森林資源の利用管理権を得るほか、経済的自立の維持のために「アイヌ民族自立化基金」の創設などが実現するはずでした[4]。しかし、１９９７年に日本の国会で成立した「アイヌ文化振興法」はその名の通り、上記84年新法案で提案されたものの内容の一部しか満たさない「文化法」となりました。この振興法は、アイヌ伝統文化（アイヌ語教育、木彫りや織物、刺しゅうなどの技術の伝承等を含む）に対する資金援助を承認、提供すると定め、そのための資金管理団体として、文部科学省と北海道開発局の管轄にアイヌ文化に関する研究の奨励や活動の推進を担う財団「アイヌ文化振興・研究推進機構」が創設されました。

これを「よい方向への第一歩」と見なした人々も、すぐにこの新しい法律の限界を知り失望しました。アイヌ活動家の多原良子氏は、以下のコメントの中で希望と失望の入り混じった感情を語っています。


「私たちアイヌ民族は、奪われた権利を返してほしいということでいろいろと要望をしていたわけです。結局は文化振興のみの法律になりましたが、それでも、アイヌ民族を認めた新しい法律の第一歩として大変意義がありますし、作る方々は大変ご苦労されたと思います。(中略)私たちは、この新しい法律はアイヌのための法律だと思っていました。法律ができるとアイヌにとって大変メリットがあると期待していました。教育や文化、それから差別の解消、雇用問題、自立化基金、いろいろなことを要求しました。しかし、できた法律はアイヌ文化法といわれる法律です。この法律はアイヌだけが利用できる法律ではありません。むしろ、和人の方にメリットがあります。例えば、助成事業はアイヌの研究、文化活動をする団体や個人は誰でも申請できます。また、アイヌ文化の理解を深めるための展示会を開いたり、アイヌ語のラジオ放送を聞いたりすることもできます。また助成事業を申請すれば無料で古式舞踊の観賞ができます。私たちアイヌは、見て理解していただくために一生懸命踊らなくてはなりません」[5]

また、アイヌ文化振興・研究推進機構の運営では、上級役員の大部分が非アイヌ（和人）に占められている事実も懸念されました。アイヌの参加がいくらか改善したとはいえ、この状況は現在まで続いています[6]。

欠落した集団的権利

国連宣言が採択され、日本の国会がアイヌを先住民族と認知してからの10年間に、アイヌの権利に関する新たな活動が繰り広げられました。北海道大学は2008年、北海道アイヌの社会的条件や立場についてのアイヌ世論調査を実施しましたが、その報告の中で強調されたのは、差別や社会的に不利な状況がいまなお進行中である、という指摘でした。

ところでこの調査報告書は、北海道のアイヌ人口を2万3782人としました。しかしそれは「アイヌ民族との血縁を持つ人々、および結婚や養子縁組などによってアイヌと居住を共にする人々」に対象者を絞って政府が行なった公式調査による数値でした[7]。この数値は日本のアイヌ民族全体の人口に関する過少数値です。民族としてのアイデンティティはいくつもの要素がからみあう複合的な問題です。一方で、アイヌの祖先を持つと自覚している人々の多くは、現在も続く差別のため、自分がアイヌだと公言できない状況にあります（したがって地方自治体もその人をアイヌと数えない）。つまり北海道大学のこの調査は、「自分はアイヌである」と公表している人々からのみ回答を集めたものですが、それにもかかわらず、「アイヌであることが嫌だと感じる点はあるか」という問いに対し、「アイヌ差別経験のため」と答えた人が全体の44・1％にのぼりました。「あなたにアイヌであることの誇りを感じさせたのは誰ですか」という質問に対して、「アイヌ以外の知人・友人」と答えた人は２・２％にすぎませんでした[8]。

　他方で「血統」の基準は、アイヌの祖先を持つとわかった場合しかアイヌ民族と特定しないものであり、問題です。というのも、アイヌの家庭に養子として迎えられた和人は少なくないからです。彼ら彼女らは政府がこだわる「血統」の基準を満たしませんが、それぞれの地域社会でアイヌとみなされ、多くの場合、自らもアイヌのアイデンティティを持って暮らしています。さらに、（以下でも述べるように）北海道から日本各地へ移住したアイヌは少なくとも数千人は存在するし、樺太（サハリン）アイヌ／エンチウや千島（クリル）アイヌも存在します。これらの人々はアイヌに関わる問題について議論する際、しばしば見過ごされてきました。

　北海道に住むアイヌだけを対象として行なわれた北海道大学の調査報告書は、アイヌの社会的地位は徐々に向上していると記述する一方、世界中の多くの先住民族社会が経験しているような不利益が引き続き存在すると指摘しています。調査によると、アイヌ世帯の平均年間所得は３５６万円で、北海道全体の平均４４１万円、全国平均の５６７万円を大きく下回っています。また、一般的に低賃金の農林漁業部門で働くアイヌが人口比で27・５％と高い割合を占めています（北海道全体では７・４％）[9]。高校卒業者数は、増加傾向にもかかわらず依然として全国レベルを下回っています。日本人全体では若者の約50％が大学に通っていますが、２００９年現在、北海道アイヌの該当年齢では、大学在籍者はわずか21％でした。

調査に回答した30歳未満のアイヌの50％以上が「大学進学を望む」と述べましたが、それを達成できない理由として主に挙げられたのが「経済的理由」でした[10]。国や北海道の地方自治体は１９７０年代からアイヌ世帯を対象とする社会福祉施策（教育奨学金や住宅改善のための貸付、文化振興の支援など）に幅広く取り組んできたが、これらの制度の予算はここ数年削減されてきた、と報告書は指摘しています。アイヌ民族のための今後の施策として挙げた12項目のうち、特に期待する五つを選択する質問では、「アイヌ民族に対して高校・大学進学や学力向上への支援を拡充する」（51％）とする回答がもっとも多く、次いで「アイヌ民族への差別が起きない人権尊重の社会をつくる」（50％）、「アイヌ民族の雇用対策を拡充する」（43％）、「アイヌ語・アイヌ文化などを学校教育に取り入れる」（33％）などが上位を占めました[11]。

この間、京都大学の憲法学者・佐藤幸治氏を座長とした「アイヌ政策のあり方に関する有識者懇談会」（アイヌ会員はたったの1名）が創設されました。２００９年の懇談会報告書は、アイヌ民族が土地、資源、言語、文化的伝統を奪われてきた長い歴史について記述しているものの、このような歴史に「向き合う」必要性を強調するばかりで、支配してきた国家側の正式な謝罪または補償には言及していません。また、アイヌ文化や歴史に対する国民の理解を向上させるための新たな施策を提案し、伝統的文化の保護と伝承のための要素として天然資源へのアクセスの重要性を強調したにもかかわらず、この報告書の提案はアイヌの生活のなかでも文化に焦点を当てた施策にとどまっていました。

上村英明氏やジェフリー・ゲーマン氏が強調するように、2009年の有識者懇談会報告書のアイヌ民族の権利へのアプローチは、「公共の福祉に反しない限り」個々の市民が自分の生き方を選択できる権利を、すでに日本国憲法第13条が保障しており、そこにはアイヌ個人も含まれる、という議論に依拠しています。この保障が、個人の権利問題という特殊な「日本的アプローチ」の基礎として提示されたのです。この「個人の権利」にこだわる概念的根拠こそ決定的な問題です。集団的権利は、「先住民族の権利に関する国連宣言」の中心的な認識であるにもかかわらず、その集団的権利にかかわる明示的な認識が完全に欠落してしまうからです[12]。

この「日本型先住権モデル」に基づいて作成された2009年報告書は、具体的な施策として、「多くの人々が集まり、アイヌ文化の深い理解と経験」を得ることのできる「民族共生象徴空間(Symbolic Space for Ethnic Harmony)」施設の設立を提案しました[13]。さらに報告書は、この「象徴空間」について「我が国が将来へ向けて先住民族の尊厳を尊重し、差別のない多様で豊かな文化を持つ活力ある社会を築いていくための象徴としての意味を持つものである」とまとめています[14]。

政府が描いたデザイン

2009年の「アイヌ政策のあり方に関する有識者懇談会」の報告書が、そこからさらに8年にわたるアイヌ政策の審議のための出発点になりました。この間、「民族共生象徴空間」と名付けられた実態のよく分からなかったものが、あらゆる意味において具体化されました。日本政府による政策審議は主に、2010年に設立された14名による「アイヌ政策推進会議」と、その管轄のもとに2011年に設立された10名による「アイヌ政策推進作業部会」により実施されています。どちらの審議機関にも数人のアイヌ委員が参加していますが、いずれもメンバーの大部分は非アイヌ＝和人で、アイヌ政策推進会議の座長を内閣官房長官、座長代理を内閣府副大臣などが務めているほか、作業部会長も和人です[15]。また事務局として、制度のさまざまな側面に関する資料やリポートを作成しているのは日本政府の官僚たちでした。

これらの審議機関が、それまで無視されていた北海道外に住むアイヌたちの存在を認識している点は、プラスとして評価できます。アイヌ政策推進会議には関東ウタリ会会長が委員として参加し、その小委員会は九州や沖縄を含む全国（北海道を除く）153世帯のアイヌを対象に初めての実態調査を行ないました。北海道外のアイヌ人口が不明で、抽出された対象者が全体を代表しているとは言い難いのですが、それでもこの調査は、北海道内のアイヌを対象にした北海道大学の調査と同様に、道外アイヌもまた社会的不利益を感じていることを明らかにしました[16]。

一方、この審議機関のマイナス面としては、著しく複雑な審議プロセスのせいで、アイヌ社会全体の懸念を具体的にすくい上げ、取り入れる有効な対策をとれなかった点を指摘できます（後述）。「象徴空間に関する作業部会」は2011年から12年にかけて、「象徴空間」の概要計画を作成しました。小委員会と政府職員がさらに修正・改訂し、詳細なマスタープランと建築設計書が2016年、アイヌ政策推進会議により採択されました[17]。「象徴空間」は、白老町に近いポロト・コタンにある旧アイヌ民族博物館（1960年代に開館、2018年3月に閉鎖）の敷地内に建設されます。国立アイヌ民族博物館、国立民族共生公園、慰霊施設（後述）の三つの主な要素で構成され、2020年4月の開館が計画されました。報告書自身が繰り返し強調しているように、これは2020年に予定されていた東京オリンピック開催に合わせたタイミングでの開館計画でした。

「象徴空間」のデザインは、まさにオリンピックのイメージに重なるドラマチックなモダニズム建築を思い起こさせるものになっており、四つの巨大なコンクリート構造物がポロト湖岸に配置されました。中央には鉄筋コンクリート製のアイヌ民族博物館がそびえ立つ一方、控えめな佇まいのアイヌ式家屋は敷地内の別の一部に群がるように設置されます。その西側には、一般客が伝統的アイヌ文化イベントを観覧し体験できる二つの「体験ホール」が設置され、東側には頑丈なコンクリー

「象徴空間」の俯瞰パース図（イメージ）＝提供：公益財団法人アイヌ民族文化財団

ト立方体に、アイヌ式モチーフで飾られたオベリスク様式の慰霊碑が併せて設置されます。さらに「象徴空間」には日本語の公式名に加え、公募で選ばれたアイヌ語のニックネーム「ウポポイ（Upopoy）」（大勢で歌うという意味）がつけられることになります。

公式声明では、「象徴空間」には年間100万人の来場者が予想されることが繰り返し強調されています。開設目的は、「アイヌの歴史、文化等に関する国民各層の幅広い理解の促進の拠点並びに将来へ向けてアイヌ文化の継承及び新たなアイヌ文化の創造発展につなげるため」であると記述されます[18]。

これらの施設はすべて日本政府の管理下

におかれます。国立アイヌ民族博物館を担当するのは文化庁（文部科学省）、国立民族共生公園と慰霊施設全体の責任を負うのは国土交通省であり、さらに二つの省庁のあいだで文化研修や交流、広報などの役割が分担されています[19]。「象徴空間」の日常的な運営は、アイヌ文化振興・研究推進機構と白老・アイヌ民族博物館の旧体制が統合して新たに設立された「公益財団法人アイヌ民族文化財団」に委ねられます。また、発表時に委員が定まっていない管理委員会もあります[20]。

ここでひとつ注意しなければなりません。それは、１９６０年代に地元コミュニティーによって創設された旧白老・アイヌ民族博物館は、いくらか柔軟な規定の下で地元のアイヌ民族によって運営されていましたが、新たに建て替えられる国立アイヌ民族博物館は日本政府の管理下になることです。より厳格な政府の監督下に置かれることが予想できます[21]。主要な建物の建設のための公開入札は２０１８年４月におこなわれました[22]。

失敗した代表の任命

「象徴空間」の設計を生み出した複雑なプロセスの中で顕著な特徴は、日本各地の政府省庁や非アイヌ公共文化機関からは多くの意見を採用しながら、肝心のアイヌ自身からの意見は限られた数しか汲みとられていない点といえます。２０１２年から２０１７年の間に作成された「象徴空間」

に関する主要報告書のうち、３件は文科省と国土交通省によって設立された「象徴空間」の全体管理を担う委員会によって作成されました。他の４件は両省庁によって直接作成されています。アイヌ民族の委員は前者の報告書に意見を具申しているものの、委員会のメンバーリストに繰り返し名前が現れる５、６人のアイヌを除くと、他のアイヌはほぼ登場しませんでした。注目すべきは報告書に最も頻繁に登場する３名で、いずれも「公益社団法人北海道アイヌ協会」の上級役員です[23]。１９４６年以来、何度か名称を変更しながら存在してきた同協会は、公的に「最大の単一アイヌ団体」とされ、社会福祉や奨学金支援などの重要な支援がアイヌの人々に行き渡るよう配分機能を果たしてきました。しかし２０１６年度の会員数は約２３００人にすぎません。

つまり、アイヌ人口（日本政府の公式発表でも北海道内だけで2万３７８２人）の８割から９割の人々が北海道アイヌ協会の方針に何の意見も提供できていないことになります。したがって、同協会はアイヌ全体の利益代表団体とはとても主張できず、アイヌ社会全体の実質的な代表団体は存在しない、というのが実状でしょう。ところが政府審議会では、内部で選出される少数のアイヌ協会代表者があたかもアイヌ社会全体の利益代表者であるかのように扱われて、ここにも大きな問題が存在します。しかし、これは決して新しい現象ではありません。少なくとも政府系のアイヌ文化振興・研究推進機構が設立された１９９７年以来の問題でした。ある研究者は以下のように述べています。

「文科省は、アイヌの代表を公正に任命することに失敗しました。決定権の多くが北海道アイヌ協会の代表として掛け持ちをしている一部の北海道のエリート有志に委ねられているという状況が明るみに出たことで、各地で緊張が高まりました」[24]

アイヌ政策推進会議の作業部会がより広域なアイヌとの協議を始めたのは、同部会が２０１６年に具体的なマスタープランを作り上げた後になってからでした。２０１７年12月より3か月間にわたって続けられた「アイヌ政策再構築に係る地域説明会」には、北海道各地の２８６人のアイヌ民族が出席したとされます。密室で行なわれ、かつ小規模で希釈されたプロセスにもかかわらず、これらの地域説明会では活発な議論が交わされ、アイヌ政策の将来についての示唆を広げたとされます。参加したアイヌたちが提起した主な意見は、

1　先住民族としてのアイヌの社会的立場を法律に明記すること。

2　アイヌに国有地で活動する権利を与えること。

3　伝統的な漁業権の復興、伝統的な生活習慣の創出の場を北海道各地に創設すること。

4　自律的な経済社会活動の支援。

5　過去に人類学者や考古学者らによって奪われたままのアイヌの遺骨の返還。

などです。

また、学校におけるアイヌ語と文化の教育に関する件、アイヌの子どもや若者の教育を促進するための強力な措置、アイヌの農業、漁業、林業活動への財政的支援施策を改善すること、高齢者のための福祉向上、アイヌ政策を議論する際にジェンダーのバランスや地域間バランスを図ること、などの要求もありました。アイヌに対する収奪の長い歴史にかかわり日本政府からの正式な謝罪を求める声も上がりました[25]。

宙に浮く地域の声

ところが、これら地域説明会のプロセスが終了して2か月後にアイヌ政策推進会議が採択した作業部会報告書は、これらの提案のほとんどについて検討すらしていないことが明らかでした。全11ページからなるこの報告書には、はじめの3分の2に「象徴空間」の計画が詳述されています。いわゆる「アイヌ新法」の概説が記述されるのは最後のわずか3ページのみです。報告書には、この地域説明会プロセスはアイヌ社会における意見の多様性を汲み上げるためのものだ、と記されていますが、その位置づけにそぐわないページ数です。

そしてアイヌ政策の今後の方針は「福祉政策の一部から地域振興、産業振興、国際交流等を含めた幅広い取組」になるとされました[26]。報告書の内容が「象徴空間」に圧倒的に集中していることを考えると、「産業振興」というものがなんらかの意味をもつとすれば、主に観光産業を指していることは文脈上明らかです。さらに報告書は、意見聴取からの提案は「象徴空間」の提案とともに検討すべきで、「最も効果的でそれら実現可能性の高い方策が実施される」よう「アイヌ新法」の立法検討を加速すべき、と述べています[27]。

換言すると、地域説明会での参加者たちが求めた国からの公式謝罪、国有地で活動する権利、漁業権・狩猟権の回復、アイヌ自治基金、あるいは高齢者のための福祉の拡大などの要求を、政府審議会は「効果的で実現可能性の高い方策」と見なしていないということでした。これらは「実現困難」な部類に入れられ、「象徴空間」とそれに関連する一握りの文化観光事業のみが、より「効果的で実現可能性の高い」ものとして選ばれました。

実際、この報告書の内容には興味深い矛盾が存在します。どの提案を実現すべきかを最終的に決定するのは日本政府なので、「実現可能性の高い」という基準で何を含め、何を除外するかを決定するほぼ無限の権力が政府に与えられているのです。

報告書は最後に、新千歳空港での民間企業との協力のもと、(延期された、あるいは中止されるかもしれない)2020年東京オリンピック開会式や「象徴空間」の開館に向けてアイヌ工芸などを展示する計画など、いくつかの提案をしました。「象徴空間」の開館に関連したアイヌ文化のプロモーションビデオを制作し、学校の教科書にアイヌに関する新しい資料を含めるよう検討することも約束されています[28]。しかし、アイヌの歴史と社会についての教科書記述がどのようなものになるかは不明のままでした。文部科学省の記述検定を受けながら教科書を発行している出版社8社のうち1社は最近、中学校の倫理科目のカリキュラムの中でアイヌ伝統文化の掲載範囲を拡大しましたが、他社の教科書では従来の内容におおむね変化はありません[29]。

アイヌ政策推進会議の2018年報告書は、アイヌの観光産業がさかんな地域の一部の有力なアイヌに歓迎されました。しかし他からの反応は、むしろ否定的なものでした。たとえば、帯広でアイヌ民族文化研究グループを率いる笹村律子氏は、「アイヌ文化をまちづくりにどんどん生かしてほしい」とするものの、高齢アイヌのための福祉に関して報告書が「(非アイヌが多数派を占める)国民の理解を得ることが難しい」として法律化しないことに関して、「差別で貧困に陥り、支援が必要になった歴史も見直してほしい」とも述べています[30]。

さらに厳しい批判も寄せられました。アイヌと非アイヌ両方を含む市民グループ「アイヌ政策検討市民会議」は、菅義偉内閣官房長官に対し、政権が推し進めている新法案に抗議しました。同グループは、いわゆる「アイヌ新法」の進め方に、「政府主導の下、本来自己決定権を持つべきアイヌ民族を対等に扱うことなく、一方的に意見聴取するなど、植民地主義的であり、UNDRIPを踏みにじるものといっても過言ではない」[31]と指摘しています。同市民会議は、『世界標準の先住民族政策を実現しよう！』と題した独自の中間レポートをまとめ、そこにはいくつかの代替政策提案が含まれています（後述）。

計画につきまとう影

日本の一般市民や海外からの訪問者にアイヌの歴史と文化について理解を深めてもらう重要性について、異議を挟む人はほとんどいないでしょう。「民族共生象徴空間」はそれに貢献するだけでなく、アイヌの雇用機会をつくり、伝統的な文化知識を次世代に伝える機会にもなりえます。そういう意味で、このイニシアチブがアイヌ、非アイヌの双方から歓迎されたのは驚くべきことではありません。しかしその一方で、様々な立場のアイヌの人々がこのイニシアチブに関して表明した批判があります。広範な議論の欠如によるアイヌ民族の不満とともに、先住権に関する新たな政策採用のために始まった一連のプロセスが、政府の支配による文化観光計画に変わってしまったように見える懸念を、その批判は展開しています。

「民族共生象徴空間」という命名がまず疑問の出発点です。この空間が象徴する「民族共生」とは、「崇高な願望」なのか、それとも「慰めを得た気にさせる錯覚」に過ぎないのか。言い換えれば、「象徴空間」はアイヌの文化と歴史、伝統の美しさ、豊かさを展示するだけでなく、植民地化、略奪、差別などを起こした不正義を伝え、将来的に民族的和解を達成するために、これら負の遺産を克服するという真摯なコミットメントのスターティングブロックになりうるのか。それとも、この「象徴空間」は、民族的和解がすでに達成された、あるいは実際には古代から存在していたというメッセージを通して、「うわべだけの多文化主義（コズメティック・マルティカルチャリズム）」のイメージを来場者に与えようとするものなのか。また、「民族共生」という名称について、日本に現存する多様な民族集団を考えると、琉球人、朝鮮人など他のマイノリティとアイヌとの関係をどのように表現するつもりなのか、という疑問も残ります。たとえば、果たして国立アイヌ民族博物館は、アジア太平洋戦争中に北海道の労働拠点（タコ部屋）から脱走した朝鮮人強制労働者たちを助けたアイヌの話に触れようとするのでしょうか[32]。

今後の展示について国立アイヌ民族博物館は、単一不動の「アイヌ文化」を展示するのではなく、過去から現在へつなげる努力をする、と主張しています。博物館の計画によると、最新のAR（拡張現実）技術を取り入れ、「私たちのことば」「私たちの世界（信仰）」「私たちのくらし」「私たちの歴史」「私たちのしごと」「私たちの交流」という六つの主要展示スペースが設けられる予定です。「私たちの歴史」では、古く石器時代から現代に至るまでのストーリーを展示する一方、「私たちのしごと」では、「伝統文化が変化しつつも現在にまで継承されている」ことが展示されます[33]。

現在のアイヌ文化については、アイヌ民族音楽と他の音楽とのコラボレーションや、人気の高いマンガシリーズ『ゴールデン・カムイ』（作者は非アイヌ）のようなアイヌ伝統の重要な要素に触れる創造的な作品を紹介しながら、新たなメディアを通して伝統的なアイヌ文化を再現する方法を強調するものと思われます。

しかし、アイヌへの理解とリスペクトを深めるには、可視の「先住民族的」「文化的」方法だけが重要というわけではありません。民族的な誇りとアイデンティティは当然にもアイヌの人々の心に存在しています。この誇りとアイデンティティへの理解こそ、非アイヌの日本人はもちろんのこと、アイヌとしての誇りをもってオフィスで働くアイヌ、学校や大学で教壇に立つアイヌ、病院で患者の世話にあたるアイヌ、テレビニュースに出演するアイヌ、地方自治体や中央政府の議会で活躍するアイヌ、工場ではたらくアイヌなど、様々なアイヌに出会う機会を可能にするのです。

「象徴空間」は将来的展望として、こうした理解にむけた長い道のりの小さな一歩になるのでしょうか？　しかし、現時点での計画は逆に、アイヌ民族のアイデンティティに対する認識が、日常生活からかけ離れた伝統的あるいは新伝統的な文化に集中する傾向があります。換言すれば、見せ物と娯楽の時空間によってきわめて偏ったアイデンティティの提示となってしまう危険性を内包しています。

さらに重要な課題として、アイヌの歴史の記述問題があります。これは「象徴空間」内の展示および教科書改訂の双方で取り組むべき課題です。

「象徴空間」への来場者や、新たな教科書でアイヌの歴史にふれる若者は、日本からの植民者たちによる土地収奪で、アイヌの村々が奪われ、痩せて交通の便もよくない土地に強制移住させられたアイヌの歴史や、狩猟や漁業といった生業が禁止されたことなどを想起できるのでしょうか。あるいは、居住地が日本からロシアの領土となった１８７５年に、北海道に強制移住させられ札幌郊外の対雁《ついしかり》で、馴染みのない窮屈な環境での生活に苦しみ、天然痘や麻疹、コレラなどの流行で命を落としていった大勢のサハリン・アイヌ／エンチウたちの物語に触れることができるのでしょうか[34]（ロシアと日本の間で国境線が引き直されるたびに、繰り返し移住を強いられたアイヌたちのうち、北海道に移住したサハリンとクリル諸島のアイヌについて、これまでのところアイヌ政策推進会議では何も言及されていない。これらのアイヌの多くは、第二次大戦の終わりに土地が再びロシア領になった際に北海道へ移住している）。あるいは、19世紀から20世紀初頭にかけて国内外の国際博覧会に「展示物」として送るために募集されたアイヌたちの物語に出会うでしょうか[35]。

さらに、新たな国立アイヌ民族博物館で語られる歴史は、「返還された」アイヌ人骨を収蔵予定の慰霊施設とどうかかわるのでしょうか？　この遺骨群は19世紀、20世紀初頭から中頃にかけて、やすらかに眠っていた墓所からもぎ取られるように研究者やコレクターの手によって国内外の大学や博物館に持ち去られました。この「象徴空間」に集め直し、慰霊するために建てたモニュメントの背景にある歴史に、果たして触れることができるのでしょうか[36]。海外の機関にもまだ多くのアイヌの遺骨が保有されたままです[37]。

持ち去られた遺骨の行方

「象徴空間」建設計画のうち、とりわけこの慰霊施設をめぐって、アイヌのコミュニティ間で激しい論争が起こりました。新アイヌ政策が策定されているさなか、かつて研究者たちによって共同墓地から無許可で奪われた祖先の遺骨返還を求め、浦河町をはじめとする北海道各地の小さな町に住むアイヌの団体（この中には遺骨盗掘の現場を記憶している人々もいる）が北海道大学などの大学機関とたたかってきました。裁判が起こされ、２０１６年３月、最終的に和解が成立し、12人の遺体を浦河近郊の杵臼に返還することに初めて成功します。この成果は、つづいて２０１７年に、浦幌、紋別、杵臼各コミュニティへの遺骨返還に道をひらく手助けになりました。

このたたかいの中心的役割を果たしてきた小さな団体「コタンの会」のメンバーたちの活動には、持ち去られた先祖の遺骨たちがもともと埋葬された場所になるべく近い郷里の土に帰る、というアイヌの伝統にもとづいた意味がありました。完璧に「伝統的」な儀式を行なうことは困難ですが、コタンの会のメンバーは、アイヌの習慣にもとづき、先祖の遺骨にできる限りの敬意を払って死者を再埋葬する努力をしています。コタンの会にとって、アイヌの遺骨が国土交通省管理下の「観光

「象徴空間」の慰霊施設として設けられた墓所とモニュメント＝国土交通省提供

施設」にある慰霊施設に再集約されるのは許し難いことでした。それは本当の「返還」ではなく、単に死者の骨をある馴染みのない場所からもうひとつの馴染みのない場所に移動させるだけのことなのです[38]。サハリンのアイヌの末裔たちも先祖の遺骨返還の見通しに懸念を抱き、2018年6月に「エンチウ遺族会」を設立しました[39]。

2018年5月に公表されたアイヌ政策推進会議作業部会の報告書は、博物館や大学に対して遺族や地域団体が返還請求することができるように、アイヌの遺骨に関する情報をできるだけ早く公開することを呼びかけました。ところが、遺骨返還までに請求者がクリアすべき条件が設けられ、6か月以内に返還請求のない遺骨、または直ちに地域団体に返却できない遺骨は「象徴空間」内の慰霊施設に納める、とされています。この6か月という時間制限は、海外の経験をもとにした水準からしても、まったく非現実的なものでした。諸外国における先住民族の遺骨返還をめぐる長期にわたるたたかいの成果として、遺骨はそれぞれ最も近い存在である集団に返されるべきだとされました。国に管理される慰霊施設に持ち込まれるのは、遺骨の発掘地が不明の場合のみ、という考え方が普遍化しています[40]（12の大学に保管されていたアイヌ遺骨のうち、9大学の遺骨が2019年12月に「象徴空間」の慰霊施設に集約されました）。

遺骨返還は非常に複合的なプロセスであり、痛みと、相反するさまざまな感情に満ちています。このプロセスは、役所の決めた時間制限などに制約されるべきものではありません。遺骨の近親者やもともとの所有者を特定して丁寧な儀式を施すというのは、とても骨の折れる作業です。ハワイで先住民族遺骨返還活動に取り組んでいるエドワード・ハレアロハ・アヤウ氏とチェロキーの活動家アーナー・キーラー氏の言葉を借りるならば、「人間の身体が命を失ってから人間ではなくなり、だれかの所有物になるまでどのくらいの時間がかかるかなど、誰かに決められるものではない」からです[41]。

同じように、コタンの会代表の清水裕二氏（アイヌ政策検討市民会議の世話人も務める）は、アイヌの遺骨を墓地から持ち去った博物館や大学機関に謝罪を求めています。清水氏はまた、それらの遺骨をアイヌの伝統にできるだけ近い儀式によって元の場所に埋葬するよう、政府に求める活動をしています[42]。

同意なきDNA研究

アイヌ政策推進会議の2018年報告書にはもうひとつ、遺骨返還を要求するアイヌたちに特別な不安を引き起こす記述がありました。詳細がはっきり策定されていないシステムのもと、事前に承諾を得る過程さえ踏まえれば、研究者たちは依然として自らの個人的な研究プロジェクトのために「象徴空間」の慰霊施設に集約するアイヌ遺骨にアクセスできる余地を残したのです[43]。

ここでも遺骨返還のプロセスと同様に、遺族や遺骨のもともとの所有者の特定が重要な焦点となってきます。現在多くの国際機関や各国政府には、たとえその集落の子孫が存命でも、あるいは亡くなっているとしても、あらかじめ学術研究に先立って踏まえなければならない、また、研究の途中でその方向性を決める諸民族グループと行なわなければならない協議に関する明確なルールがあります。例えば、ユネスコの国際生命倫理委員会による1996年の報告と国連人権委員会による1998年の文書は、先住民族の人口に関するヒトゲノム研究において、以下の様に強調しています。

「(各国政府の承認は)公式/非公式の指導者、グループ代表者、または信頼された仲介人を通して得る場合のいずれにおいても、かかる研究のために選ばれた個人／地元団体からの同意が必要になる。同意はそれぞれの団体の社会的構造、価値観、規則、目標、願望などを考慮し、最も適切な人から得る必要がある」[44]

この文脈でいう同意とは、1回限り得られればよいものではなくて、継続的なプロセスとなります。2003年に米国自然人類学会によって採択された倫理規定はこう示しています。

「インフォームド・コンセントのプロセスは機能的かつ継続的であることが了解されている。そのプロセスはプロジェクト設計の時点で始められ、研究対象の人々との対話と交渉を通じて実施の段階まで継続されなければならない」[45]

日本では現在、日本人類学会、北海道アイヌ協会、日本考古学協会、文部科学省が先住民族の遺骨や副葬品の研究方法について協議をおこなっています（日本人類学会、日本考古学協会、日本文化人類学会、北海道アイヌ協会は「アイヌ民族に関する研究倫理指針案」をまとめ、2019年12月にパブリックコメントを募集した）。

市民グループの側は、たとえば室蘭工業大学の丸山博名誉教授は、「アイヌ研究は盗掘などの不正義のもとに成り立ってきた歴史がある。今回の指針では、研究者たちの加害の歴史に向き合っていない」と批判しました。またコタンの会の会長である清水裕二氏は、「反省という言葉が指針案の中にあるが、まず謝罪すべきだ。そして、当事者を交えて倫理指針を作り直してもらいたい」と述べています（NHKニュース、2020年2月7日）。

一方、日本人学者によるアイヌ民族115人の人骨を用いたDNA検査の結果を概説した論文が、アメリカ自然人類学会の公式機関誌に掲載されました。ここで使われたアイヌの遺骨は、札幌医科大学と伊達市噴火湾文化研究所に保管されているものでした。研究者たちは十年以上前の研究プロジェクトの開始時に、北海道アイヌ協会の一度限りの了承を得て、この研究を行なっていました。

関与した人類学者は、研究に利用したすべての遺骨の出所が明らかなのにもかかわらず、出所となる地元のアイヌのコミュニティの意見を求めることはしませんでした。この論文の研究成果に驚愕した一部のアイヌは2017年2月、懸念を表明しました[46]。翌月、アイヌからの懸念に対応することなく、研究者たちは論文をアメリカ自然人類学会誌に、倫理規定や同意の条件もすべてクリアしたと申告したうえで提出、その後の2018年1月に論文は掲載されました[47]。同年5月には研究方法に抗議する公開質問状がアイヌ団体メンバーとその支持者によって研究者の所属機関に送付されました[48]。これが、いわゆる「アイヌ新法」の下で追求される「アイヌ人骨・副葬品に係る調査研究の在り方」を示すものとするなら、懸念すべき十分な根拠があります。

DNA研究のためにアイヌ人骨が地元アイヌの同意なしに使われていたことに対する抗議を含め、前出の市民グループ「アイヌ政策検討市民会議」は、アイヌ民族の自然資源への権利などを回復するための政策を、いわゆる「アイヌ新法」に盛り込むよう提案しました。不正流用および収奪された資産の補償、樺太エンチウと千島列島のアイヌの歴史と権利の承認、北海道内でアイヌ語を公用語化（日本語と一緒に登録書類などに使用される言語）とする法律などです[49]。例えば、市民会議のメンバーで紋別アイヌ協会会長の畠山敏氏は、日本政府が国際的な強い批判にもかかわらず「調査捕鯨」を継続する権利を主張する一方、国際法が許可している先住民族による捕鯨習慣を継続する権利をアイヌ民族には決して認めようとしない、という皮肉を強調しています[50]。また、市民会議の世話人であり樺太アイヌ協会会長である田澤守氏は、幾度も強制移住を強いられてきた樺太アイヌの複雑な歴史のために、樺太アイヌ（エンチウ）が自らの系譜を証明することは非常に困難であること、そのためにアイヌ人口の一覧から完全に除外されていることを指摘しました。田澤氏は、国連宣言の下で樺太アイヌ（エンチウ）にも他の先住民族と同様の権利があることを強調し、日本政府に同様に認識するよう求めています[51]。

市民会議はまた、かつてアイヌ民族の漁業組合が有していた共有財産が、明治政府の同化政策の一環として不当に国家管理下に置かれた問題が長年放置されていたことを取り上げ、それらアイヌ共有財産の返還も求めています[52]。しかし、日本政府はこのような反対意見に耳を傾ける姿勢を示しませんでした。

これは、「象徴空間」の計画でどのような団体のどのような意見が代表されるのか、そしてアイヌの歴史と社会そのものが「象徴空間」でどのように表現されるのか、という双方の意味における「表象」に関する重要な疑義を提起しました。

これらの問題は、新たな国立アイヌ民族博物館と「象徴空間」全体の運営を管轄する政府の影響力が（私たちが見てきたように）広範におよぶことから、特に留意しなければならない点です。

象徴空間を超えて

私はこの小論のタイトル「演出された民族共生」を、完全に否定的、冷笑的な意味でつけたわけではありません。演出は重要な役割を持ちます。目の前で実際に演じられると、気持ちや考えがそれに続くことがあります。この空間を訪れ、豊かで多様なアイヌ文化を学び、経験することで、子どもたちはこの「日本」と呼ばれる時空間にいつも存在してきた文化的、民族的多様性について新しい視点を得ることができるかもしれません。

しかし、先住民族をテーマにする観光業は、常に諸刃の剣なのです。先住民族観光の発展に関する2012年の「ララキア宣言」の一文は、「観光は先住民族の文化を復元し、保護し、促進する最強の原動力になるが、不適切に使用された場合にはその文化を消滅させ、破壊する可能性がある」と指摘しています。観光がもたらす破壊的な側面を避けるために取り組まれたララキア宣言は、文化を中心とした観光業に関連して、先住民族による管理と自治権の重要性を強調しました。「先住民族は自ら観光への参加の程度と性質、組織構成を決定し、政府や多国間機関は先住民族のエンパワメントを支援する」と書かれています[53]。

民族調和の名において実行される大規模な象徴的建設プロジェクトには、もうひとつのリスクがあります。「象徴空間」に批判的な人たちが述べているように、目に見えるメリットがアイヌ社会のごく一部にしか及ばない「アイヌ施策」に政府が多額の予算を割くと、この支出から直接的な利益を享受しないアイヌの人々が弾き出されてしまう、という点です。

アイヌたちは日常生活のなかで直面する問題克服のための支援を実際にはほとんど受けていないにもかかわらず、一般大衆には、税金によって費やされたお金の大部分がアイヌの「特権」を支えているのだ、という誤った印象操作をします。これが結果的に「マイノリティの優遇」というまったく事実とは異なる右派からのバックラッシュにかっこうの口実を与えます。アイヌ民族の権利を否定しようとする人種差別主義者によるキャンペーンが近年数多く存在しています。2016年に日本国会で成立したヘイトスピーチ対策法は、その範囲を外国籍住民のみに限定し、アイヌなど日本国籍をもつ先住民族マイノリティの人権を保護、保障していません[54]。アイヌ政策の今後を示す政府の公式声明には、既存のヘイトスピーチ対策法を、日本国民であり先住民族である人々も対象とするように改正する計画は含まれていないのです。加えるに、いわゆる「アイヌ新法」には、へ

体験交流ホール（手前）や国立アイヌ民族博物館が並ぶ「象徴空間」＝北海道白老町で（室蘭民報社提供）

イト・差別などに関する政府からの「お願い」が記述されているだけであり、罰則規定はありません。「象徴空間」がもたらす社会的影響は、単に「空間」内で行なわれる展覧会や公演だけではなく、さらに重要なことには、アイヌの先住権、文化、アイデンティティが「象徴空間」の外でどう変化するのか、そして「象徴空間」の内側で起こることと外側で起こることがどのように関係してくるのか、という部分にあります。

国による文化観光事業やモニュメント建立事業はよい成果をもたらす面もあるでしょうが、それで失われた「土地の権利」(land rights) と「資源の権利」(resource rights) が回復されるわけではない。強奪されたものを取り戻す支援をするのでもなく、政治の舞台でアイヌの声を聞く機会を作り出すこともしなければ、「象徴空間」に直接関与していない先住民族のための教育や福祉の面での支援を提供するわけでもありません。文化観光事業が先住民族のための新たな機会の創出につながるよう、確実で誠実な努力を続けることなしに、肯定的な結果は達成できないと言わざるをえないでしょう。

言い換えれば、「象徴空間」（とその周辺で起こる文化的イベント）自体は、先住民族の権利を構築するものではなく、アイヌ政策の代替にもなりません。過去30年にわたり世界各地で起こった先住民族の権利獲得運動の中で学んだ教訓があるとすれば、それは何世紀にもわたって奪い取られてきたもの、不正義を正すという行為は、政府と社会全体によるコミットメントや誠実さ、持続性を必要とする長く困難なプロセスである、という点です。土地や資源の権利に関する法律を制定するための措置が取られ、さらに公的な謝罪がなされ、自治を促し格差の是正に取り組むための基金が創出された後でも、先住民族の人々の暮らしのなかでその結果が実感できるまでには、何十年も、または何世代もの時間を要します。逆行を引き起こす政治的なバックラッシュや単なる遅延を防ぐためには、不断の努力が必要です。実用可能な近道もなければ、迅速な解決方法も存在しないのです。

日本の「民族共生象徴空間」が、本当に不正義を是正し、認識、権利、救済を保障するための対話、政策立案、法律という長い旅の出発点として意図されているなら、それは正しい方向への小さな一歩になりえます。しかし、非アイヌ研究者が研究材料として奪った遺骨にアクセスする権利を持ち続けるような「空間」がアイヌの人々や地域への遺骨返還を妨げるのであれば、これは長引く植民地主義的な科学の負の遺産を象徴するものになりかねません。完成によってあたかも日本の先住民族に関する問題は解決され、民族の和解が達成されたかのような、ある種の勝利宣言のような、あるいは終着点のようなものとして「象徴空間」がつくられ、もしくはそのような表象や呈示がされるなら、「象徴空間」に演出されるさまざまなイヴェントは、先住権にとって大きな後退および障害となってしまいます。

謝辞　この論文の草稿にコメントを寄せていただいたジェフ・ゲーマンとアンエリス・ルアレンに感謝します。

著者註　本稿は、日本研究者向けのデジタル・ジャーナルであるジャパン・フォーカス誌16巻21号（２０１８年11月１日）に、“Performing Ethnic Harmony: The Japanese Government's Plans for a New Ainu Law” と題して掲載された論文を加筆、修正したものです。

（日本語翻訳＝殿平有子、平田剛士、ジェフ・ゲーマン）

〈注〉

1　朝日新聞、北海道新聞（ともに２０１８年５月15日）、アイヌ政策推進会議「第10回アイヌ政策推進会議政策推進作業部会報告」２０１８年５月14日（２０１８年５月27日にアクセス）。

2　「先住民族の権利に関する国際連合宣言」国際連合 ジュネーブ ２００８年（２０１８年５月28日にアクセス）。
3　「先住民族の権利に関する国際連合宣言」国際連合　２頁。
4　リチャード・シドル『人種、抵抗、日本のアイヌ（原題 Race, Resistance and the Ainu of Japan）』ルトレッジ、ロンドン・ニューヨーク １９９６年 １８４頁を参照。
5　多原良子「現場からみたアイヌ新法の問題点」『アイヌ文化を伝承する（萱野茂アイヌ文化講座Ⅱ）』萱野茂 ほか 草風館 東京１９９８年 １６２―１６６頁（引用は１６３―１６４頁より）。
6　２０１０年当時、アイヌ文化振興研究推進機構の理事17人のうちアイヌ民族は10人、また18人の評議員会メンバーのうち８人がアイヌであった。アンエリス・ルワレン『The Fabric of Indigeneity: Ainu Identity, Gender, and Settler Colonialism in Japan』ニューメキシコ大学出版 アルバカーキ ニューメキシコ ２０１６年77頁を参照。
7　北海道大学 アイヌ・先住民研究センター『現代アイヌの生活と意識』札幌市　北海道大学 ２０１０年 ３頁（２０１８年５月26日にアクセス）。
8　北海道大学 アイヌ・先住民研究センター『現代アイヌの生活と意識』１５３頁。
9　北海道大学 アイヌ・先住民研究センター『現代アイヌの生活と意識』33―55頁。
10　北海道大学 アイヌ・先住民研究センター『現代アイヌの生活と意識』68―71頁。
11　北海道大学 アイヌ・先住民研究センター『現代アイヌの生活と意識』１７０頁。
12　上村英明、ジェフリー・ゲーマン「アイヌ民族と琉球民族の視点から日本憲法を再考する（原題 Rethinking Japan's Constitution from the Perspective of the Ainu and Ryūkyū Peoples）」アジア・パシフィック・ジャーナル：ジャパンフォーカス誌16巻、２０１８年３月１日 第５号（２０１８年３月30日アクセス）。
13　アイヌ政策のあり方に関する有識者懇談会「報告書」２００９年７月27頁。

14　アイヌ政策のあり方に関する有識者懇談会「報告書」27頁（著者により日本語の原文にあわせて英訳を調整した）。

15　役員については「アイヌ政策推進会議名簿」と「政策推進作業部会について」を参照（２０１８年５月28日アクセス）。

16　アイヌ政策推進会議「北海道外アイヌの生活実態調査」作業部会 報告書」２０１１年６月（２０１８年５月28日アクセス）。

17　アイヌ政策推進会議「〈民族共生の象徴となる空間〉作業部会 報告書」２０１１年６月（２０１８年５月27日アクセス）。

18　アイヌ政策推進会議ウェブサイト（２０１８年５月31日アクセス）。

19　アイヌ政策推進会議「アイヌ政策推進会議（第10回）政策推進作業部会報告」《関係資料》（２０１８年５月28日アクセス）２頁。

20　アイヌ政策推進会議「第10回アイヌ政策推進会議 政策推進作業部会報告」２頁。

21　旧白老アイヌ民族博物館は「一般財団法人」として運営されていたのに対し新しい国立アイヌ民族博物館はさらに厳しく規制される「公益財団法人」として扱われる。

22　建設通信新報 ２０１８年４月20日。

23　さらに詳しいレポートと役員名簿についてはアイヌ政策推進会議のウェブサイトを参照。

24　ルワレン『The Fabric of Indigeneity』75頁。

25　アイヌ政策推進会議「アイヌ政策推進会議（第10回）政策推進作業部会報告 関係資料」（２０１８年５月28日アクセス）34頁。

26　アイヌ政策推進会議「第10回アイヌ政策推進会議 政策推進作業部会報告」９頁。

27　アイヌ政策推進会議「第10回アイヌ政策推進会議 政策推進作業部会報告」9頁。
28　アイヌ政策推進会議「第10回アイヌ政策推進会議 政策推進作業部会報告」10—11頁。
29　北海道新聞（2018年3月28日）によると、論議されている出版社は教育出版の中学3年生倫理の教科書であり、アイヌの伝統による人間と自然の関係性やアイヌ信仰における「カムイ」のコンセプトなどについて4頁にわたり紹介されている。
30　北海道新聞　2018年5月15日。
31　アイヌ政策検討市民会議「現在のアイヌ政策の進め方についての意見書」2018年5月（2018年6月20日アクセス）。北海道新聞 2018年5月11日。
32　一例として、石純姫「近代期朝鮮人の移住と定住化の形成過程とアイヌ民族—淡路・鳴門から日高への移住に関して」アジアパシフィックレビュー12号 2015年　17—26頁（特に23頁）を参照。
33　アイヌ政策推進会議「第10回アイヌ政策推進会議 政策推進作業部会報告」9頁。
34　樺太アイヌ史研究会『対雁の碑—樺太アイヌ強制移住の歴史』北海道出版企画センター 札幌市1992年。また、田澤守「軽視され続けるエンチウ」アイヌ政策検討市民会議『世界標準の先住民族政策を実現しよう！ 市民会議中間リポート』札幌2018年も参考に。樺太アイヌは自らを「エンチウ」と呼ぶがこれはアイヌ語の「アイヌ」と同様に「人間」を意味する。
35　例として、モリス・ロウ『日本における形質人類学：アイヌ民族と日本人の起源の探求（原題Physical Anthropology in Japan: The Ainu and the Search for the Origins of the Japanese)』カレント・アンソロポロジー 53号 2012年57—68頁、とくに60—61頁を参考。
36　植木哲也『学問の暴力：アイヌ墓地はなぜあばかれたか』横浜 春風社2008年。

37　NHKニュース2016年3月31日。

38　コタンの会・北大開示文書研究会『八十五年ぶりの帰還／アイヌ遺骨　杵臼コタンへ』ドキュメンタリー映画監督：藤野智明2017年。清水裕二「アイヌ遺骨の尊厳ある返還のために」アイヌ政策検討市民会議『世界標準の先住民族政策を実現しよう！　市民会議中間リポート』8頁。清水裕二、葛野次雄によるプレゼンテーション「故郷への長い道のり：アジア太平洋地域の最前線における先住民族の遺骨返還（原題The Long Journey Home: The Repatriation of Indigenous Remains across the Frontiers of Asia and the Pacific）」於オーストラリア国立大学キャンベラ2018年5月7日、8日。

39　毎日新聞2018年6月4日。

40　たとえば、アメリカで1990年に成立した連邦法（「先住民の墓地の保護及び返還に関する法律」＝Native American and Graves Protection and Repatriation Act、略してNAGPRA）は、人骨はその子孫に返還されるべきであり、子孫が特定できない場合は土地を奪われた先住民族のコミュニティまたはその遺骨と最も文化的接点のある一定の集団に返還されるべき、と記されている。また先住民族権利の運動において遺骨返還が中心的な存在にあるオーストラリアでは、政府の「先住民文化財返還に関する諮問委員会」（委員の全員がアボリジナルの人々またはトレス海峡諸島民）が、先住民族の遺骨がねむるオーストラリア国立慰霊施設について2014年に作成した報告書で、慰霊施設は返還されるべき遺骨の中でも「オーストラリアを由来」すること以外に何も情報のない遺骨の場合のみ利用されるべきと強調した。それ以外の場合はすべて、もともとのコミュニティに返還されるべきで、コミュニティ特定が不可能な場合は、その地方にある機関に、返還地特定のために努力を続ける、という前提のもとに預けるべき、とされている。「先住民の墓地の保護及び返還に関する法律」（2006年版）（2018年6月22日アクセス）。オーストラリア先住民文化財返還に関する諮問委員会『国立慰霊施設に関する協議の報告書（原題 National Resting Place Consultation Report)』キャンベラ、オーストラリア連邦 ２０１５年。

41 エドワード・ハレアロハ・アヤウ、アーナー・キーラー「不正義、人権、学問の蛮行に関する論評（原題 Injustice, Human Rights, and Intellectual Savagery: A Review)」H/Soz/Kult Kommunikation und Fachinformation für die Geschichtswissenschaften ２０１７年４月（２０１８年６月22日アクセス）。

42 清水裕二「アイヌ遺骨の尊厳ある返還のために」。

43 アイヌ政策推進会議「第10回アイヌ政策推進会議 政策推進作業部会報告」６―８頁。

44 国際連合経済社会理事会、人権理事会「水準設定のための活動：先住民族の人権水準の発展―ヒトゲノム多様性研究と先住民族（原題 Standard Setting Activities: Evolution of Standards Concerning the Rights of Indigenous Peoples – Human Genome Diversity Research and Indigenous Peoples)」１９９８年６月４日 11頁。

45 「アメリカ自然人類学会の倫理規定（原題 Code of Ethics of the American Association of Physical Anthropologists)」２００３年４月25日。

46 共同通信 ２０１７年２月26日。

47 安達登、角田恒雄、高橋遼平、神澤秀明、篠田謙一「ミトコンドリアDNA解析によるアイヌ民族の起源（原題 Ethnic Derivation of the Ainu Inferred from Ancient Mitochondrial DNA Data)」アメリカ自然人類学会誌１６５巻 第１号２０１８年１月１日１３９―１４８頁。

48 ２０１８年５月14日発表の清水裕二、殿平善彦、小川隆吉ほかによる山梨大学及び国立科学博物館へあてた抗議文（公開質問状）を参照。抗議文では、アイヌのコミュニティーからの告知に基づく同意を得ていないことに加え、論文の著者らが研究に利用した浦河の遺骨32体が埋葬された時代はすべて江戸時代とされているが、それら遺骨の関連資料によると埋葬は近代以降であると記されている、と研究者たちの重大な憶説を指摘している。同年７月に国立科学博物館と山梨大学が質問状に対して二つの別の、しかし内容は同一の回答をしたが、埋葬時期の問題には触れることはなかった。その中で前述の機関は「本研究は国連の『先住民族の権利に関する国際連合宣言』を踏まえて、２００７年の時点で考えられる先住民族の意思を尊重した形で進めたものです。その後の国の施策にも沿っていると考えており、基本的な方針は変更せずに実施しました」と述べている。この姿勢は90年代に国連宣言が示し、２００７年以前よりアメリカ自然人類学会も実施している倫理的アプローチと明らかに矛盾している。質問状と回答は北大開示文書研究会のホームページを参照されたい（２０１８年10月24日アクセス）。

49 アイヌ政策検討市民会議『世界標準の先住民族政策を実現しよう！』参照。

50 畠山敏「海の資源に対する権利」アイヌ政策検討市民会議『世界標準の先住民族政策を実現しよう！』15頁。

51 田澤守「軽視され続けるエンチウ」アイヌ政策検討市民会議『世界標準の先住民族政策を実現しよう！』9頁。

52 井上勝生／吉田邦彦「未完のアイヌ民族共有財産問題」アイヌ政策検討市民会議『世界標準の先住民族政策を実現しよう！』7頁。

53 先住民族による観光事業発展のためのララキア宣言（原題The Larrakia Declaration on the Development of Indigenous Tourism）２０１２年3月（２０１８年5月25日アクセス）。

54 クレイグ・マーティン「正しいバランスをとる：日本、アメリカ、カナダにおける反ヘイトスピーチ法（原題Striking the Right Balance: Hate Speech Laws in Japan, the United States and Canada）」季刊ヘイスティングス憲法レビュー　45巻 3号、２０１８年春号 ４５５-５３２頁、４６８頁より抜粋。

第2章　世界の先住民族とアイヌ

テッサ・モーリス＝スズキ

遺骨は語りかける

２０１９年２月、「アイヌの人々の誇りが尊重される社会を実現するための施策の推進に関する法律案」（いわゆる「アイヌ新法案」）が日本国会に上程され成立しました。この法案に、アイヌ民族が「先住民族」であることが初めて明記されました。

先住民族の権利を保障することは、世界できわめて重要な課題となっています。しかし、美辞麗句が並べられたこの法案には、アイヌ民族を先住民族と認定しながら、なぜか先住民族が有するはずの「先住権」全般に関しては触れておらず、国際的に見て大変に奇妙な法案となっています。「先住民族」には「先住権」が付属する、というのが世界中、とりわけ先進諸国における共通した認識だからです。先住民族と先住権、この二つは切り離すことができません。

この法案に関する議論は日本のメディアで十分に取り上げられませんでした。また海外メディアで取り上げられることはあっても、法案の内容や背景への理解を欠いたものがほとんどでした。この法律に対する疑問点については後ほど検討することとし、海外における「先住権」獲得の闘いの例を検証します。

まず先住民族の「遺骨返還」について検討します。なぜなら、「遺骨返還」の問題は、先住権全体の中で中心的な課題のひとつに位置付けられるからです。

先住民族の遺骨や遺品が世界各地で、学問の名を借りた植民者側の考古学者や人類学者たちにより、先住民族コミュニティから奪い去られました。そして博物館で展示されたり、「研究」の材料とされたりしてきました。現在では、遺骨を奪ってきたことは帝国主義的植民地支配の負の遺産のひとつとして、世界的に認知されています。

私が30年間近く所属しているオーストラリア国立大学（ANU）の研究者たちも、その略奪の歴史に加担していました。ANUの研究者が「発見」したものの中には、オーストラリア最古の人骨もあります。その人骨は、約4万2000年前にニュー・サウス・ウエールズ州のマンゴ湖で埋葬されたものでした。「マンゴ人」（MUNGO MAN）として知られています。

1970年代に、ANUの研究者が地元アボリジナル・コミュニティの許可も同意も受けずに発掘し、大学の研究所に持ち帰りました。その後、地元アボリジナル・コミュニティが遺骨返還の運動を起こします。紆余曲折はあったものの、マンゴ人の遺骨は２０１７年に地元コミュニティに返還されました。この問題については「先住民族テレビ局」（ＮＴＶ）のドキュメンタリー番組がありま す。日本では考えられないかもしれませんが、オーストラリアにはこのＮＴＶや「少数者のためのテレビ局」（ＳＢＳ）など、国費で運営され、自主的な編成で全国放映する公共放送局があるのです。

この番組で提示された重大な要素に注目します。ひとつは、大学当局や研究者たちが公式に謝罪し、遺骨が地元コミュニティに返還されたことは明らかな進展でしたが、そのことで問題が全面的に解決したわけではなかった、という点です。なぜなら、地元コミュニティは返還された遺骨をどのように再埋葬すべきか決めていなかったからでした。再埋葬方法や儀式に関する決定権をもつのは、当然、地元コミュニティです。そして、そのような重大な決定をするには長い時間を要します。このため、返還されたマンゴ人の遺骨は、いまだに仮の場所に安置されたままとなっているのです。

もうひとつは、この番組で考古学者のジム・ボウラー（JIM BOWLER）教授が指摘した点です。奪われた遺骨は「我々」非先住民族のオーストラリア人に対して「語りかけ」ている、という認識が重要である、としました。では、何を語りかけているのでしょうか。

「あなたがたは、私たちの土地に対して何をしたのか」

「あなたがたは、私たちの民族に対して何をしたのか」

これが「語りかけ」の内容です。

この問いに、非先住民族の植民者たちは真摯に回答を探す必要があります。つまり先住権は、先住民族の側の問題としてだけではなく、非先住民族の側の問題としても受け止めなければならないのです。

日本でも、先住民族アイヌの遺骨返還が重大な課題となっています。よく知られているように、2016年になってはじめて、北海道大学に保管されていたアイヌの遺骨の一部が、オリジナルなコミュニティの人々に戻されました。その翌年にも、遺骨返還は行われています。その遺骨たちもまた、和人に対してきっと、

「あなたがたは、私たちの土地に対して何をしたのか」

「あなたがたは、私たちの民族に対して何をしたのか」

と語りかけていることでしょう。

先住民族アイヌに関する法律（いわゆる「アイヌ新法」）が成立し、それはひとつの歴史的節目となりました。しかし、その法律はアイヌの歴史を考え、アイヌの人々の声をよく汲み取り、深く議論した末のものだったのか。疑問が残ります。

オーストラリアやカナダにおける先住権獲得のための熾烈な闘いの教訓として学んだのは、「聞くこと」の重要性でした。植民地化された先住民族の人々の声を、植民地化したマジョリティの側の人々が聞き、理解し、了解してはじめて、「和解」なり「共生」は始まるのだろうと確信しています。

深く聞くということ

「聞く」という行為は大変重要です。

オーストラリア先住民族であるアボリジナルの人々には、「盗まれた世代」(STOLEN GENERATION)と呼ばれる課題があります。これは、主流社会への「同化」を目的として、アボリジナルの人々の子どもたちが家族から引き離され、教会やその他の施設が運営する寄宿舎で強制的に生活させられた政策によって生まれた世代を意味します。驚いたことに、この政策は１９７０年代まで継続されていました。この政策の誤りに気づき、政府が調査委員会を設置したのは１９８０年代です。１９９７年に同調査委員会の「盗まれた世代に関する報告書」が連邦議会に提出されました。その一部を引用します。

The past is very much with us today, in the continuing devastation of the lives of Indigenous Australians. That devastation cannot be addressed unless the whole community listens with an open heart and mind to the stories of what has happened in the past and, having listened and understood, commits itself to reconciliation.

（過去は、現在のわれわれと共にある。その過去はオーストラリア先住民族にいまだに壊滅的な影響を及ぼしている。過去に何が起きたのか、すべてのオーストラリア国民は心を開き、その物語を聞かなければならない。そして、聞き、理解し、了解して、和解への道を探らねばならない）

「聞く」という行為は簡単で受動的なものである、と思う人もいるでしょうが、私はそうは思いません。「深く聞くこと」、これは時間を要する作業です。そして、それは継続する和解のために不可欠な第一歩となるのです。理不尽な生を強いられてきた先住民族の「過去の苦しみ」の物語をただ単に「聞く」ことだけではなくて、彼ら彼女らの和解への提言、および未来への希望を「聞く」作業を含むはずなのです。

オーストラリアでは、この「盗まれた世代に関する報告書」に基づき、多くの運動が起こりました。右派だった当時のジョン・ハワード（JOHN HOWARD）首相は、「善意で行ったことである」からと、アボリジナルの人々への謝罪を拒否したのですが、2008年に労働党政府が再登場すると、ケビン・ラッド（KEVIN RUDD）首相は連邦議会で謝罪を行いました。これは長い抗議運動の成果でした。

感動的なこの時の謝罪は、いまもユーチューブで見ることができます。

（https://www.youtube.com/watch?v=aKWfiFp24rA）

連邦議会で首相が公式に謝罪したことは重要です。しかし、さらに重要なことは、ラッド首相が謝罪の前に分厚い報告書を自ら読み、「盗まれた世代」の代表たちと会い、その物語を「聞き」、決断したことでした。報告書の提言に従って「盗まれた世代」のサポート・システムを構築したばかりか、さらに先住民族アボリジナルの人々に対する教育・住宅・医療などを改善させる試みも進めました。現在、オーストラリアには、「謝罪の日」(SORRY DAY)という記念日が連邦規模で設けられています。ただ、過去の不正義を是正するための対応は、決して十分とはいえません。とりわけ、保守政権が復活してからは益々、不十分な状態となっています。

連邦議会における公式謝罪は、最初の一歩でした。過去の不正義を是正するための闘いは、長い長い道のりです。しかし、後戻りはできない道のりである、と私は信じます。

意見交換は尽くされたか

「聞く」ことの重要性を指摘しました。翻って、日本国会で成立したいわゆる「アイヌ新法」について考えてみましょう。

安倍政府によると、この法律の公式的な目的は「アイヌの人々の誇りが尊重される社会を実現するための施策の推進」だそうです。そうであるなら、当然、アイヌの人々の声と意見をまず「聞く」

べきではないか、と考えるはずでした。しかし、この法案が作成される過程で、いったいどれほどアイヌの人々の声と意見が「聞かれ」てきたのでしょうか。

政府が設けた「アイヌ政策推進会議」の報告によれば、2017年5月から2018年の間に、36回の意見交換会や説明会があり、延べ530人が参加したとあります。正確なアイヌ人口の統計はないのですが、過去に政府が主張したことのある過少値での「アイヌ人口」の約2％が「延べ」で参加したと推察されます。もちろん、民族構成員全員の声と意見を「聞く」ことは現実問題として不可能でしょう。ただ、この意見交換会には、報告を読む私のような外国人ですら不思議に感じるプロセスが目立ちます。

まず、「意見交換」の手続きにかかわる情報が欠落しています。アイヌ政策推進会議が公表した資料によると、2017年12月から2018年3月の間に12回の説明会が開催され、延べ286人が参加した、とあります。不思議なことに、それ以外の24回の意見交換会がいつ、どこで誰と開かれたのかに関する情報はまったくありませんでした。

先住民族にとって極めて重要な法案なのに、その説明会を4か月弱という短い期間で、しかも真冬で雪に閉ざされることが多い時季に12回だけ開き、アイヌの人々の声と意見を「聞き取る」ことが可能だったのか、という疑問が残ります。アイヌ政策推進会議はなぜ、それほど急いで「意見交換」をしなければならなかったのか。「アイヌの人々が尊重される社会を実現するため」であるのなら、なぜもっと丁寧に当事者であるアイヌの人々の声を汲み上げようとしなかったのか。

その疑問への答えは、おそらく（のちに延期され、また中止されるかもしれない）２０２０年開催予定の東京オリンピックにあったのだろう、と私は考えます。全世界が注目する国際行事の前に、なんとか「つじつま合わせ」でアイヌに関する法律を制定させておきたかったのでしょう。しかし、アイヌ文化に対する尊敬やアイヌの権利と、２０２０年の東京オリンピック開催とは、いったいどのような論理的関係性が存在するのか、私には理解不能です。

おそらく、うわべだけ化粧した多文化主義（コズメティック・マルティカルチャリズム）の姿を国際的に示そうとしたため、短期間で不十分な「意見交換」になったのでしょうが、その場で示されたアイヌの人々の声と意見が新しい法案にどれほど反映されたのか、というさらなる大きな問題があります。

「意見交換会」における実際の提案や要求、その詳しい内容は公表されておらず、その概要のみがリストアップされています。アイヌ政策推進会議の発表によれば、法案に関してアイヌの人々が「説明会」で提案・要望・要求した中には、以下の重要な項目が含まれていました。

- 国有地の資源の利用や川でのサケの漁業権の設定
- 伝統的な先住民族捕鯨の実施
- 北海道ウタリ協会策定のアイヌ新法案にあったアイヌ自立基金の実現

・特別議席の付与
・アイヌ語を始めとするアイヌ文化の振興
・文化に限定しない幅広い政策の実施及びアイヌの知的所有権の適切な保護
・義務教育の中でのアイヌに対する正しい理解促進
・アイヌの子供の教育充実への支援
・高齢者への生活支援
・生活館・相談員制度の充実
・農林水産業補助金の運用改善
・住宅資金の貸付の充実
・アイヌに対して差別する人々を罰すること

さて、これらアイヌの人々の提案・要望・要求と、成立した法律の内容を比べれば、ほぼ接点はないことが明らかです。いわゆる「アイヌ新法」の骨格・キーポイントは、以下の通りです。

・白老町に開設する「民族共生象徴空間」の管理を指定法人に委託し、補助を与える。
・地方自治体がアイヌに関連する観光や農林水産業の振興のための地域計画を作成し、首相が認定した場合、政府は交付金を交付できる。

・市町村の地域計画が首相に認定された場合、農水省は住民に対し、国有林でアイヌ工芸品の製造に利用する林産物を採取する権利を取得させることができる。
・農水省や都道府県知事は地域計画の実施のため、アイヌの伝統儀式や漁法の伝承を目的とした河川でのサケ採取に配慮できる。
・地域計画に定められたアイヌ商品の商標登録については、登録料を軽減または免除することができる。
・内閣府にアイヌ政策推進本部を置く。

この法律には、「何人もアイヌに対して、アイヌであることを理由にして、差別すること、その他権利利益を侵害する行為をしてはならない」という文言が加えられています。しかし、それに反した場合の罰則規定はありません。つまり、アイヌを差別しないことは、政府からの「お願い」でしかないのです。

「説明会」でアイヌの人々からの提案・要望・要求の中にあった「アイヌ文化の振興」、および「アイヌの知的所有権の保護」という個所については、ある程度法案に含まれました。また、自治体による文化事業や学校教育に関する部分では、わずかながら進展を見せました。しかし、「国有地の資源の利用やサケの漁業権の設定」という部分に注目してください。成立した法律には、確かに山林での採取やサケ漁に関する項目が含まれています。それゆえアイヌの「資源権」の一部に対応している、と思う人たちがいるかもしれません。しかし法律の文言を読むと、まったくそうではないことに気づくはずです。

驚くことに、「資源権」の一部が認められるのは「権利」としてではなくて、行政府による「特別措置」となっています。つまり、中央政府や自治体の長が、アイヌが国有地の山林や河川から「資源」を採取・収穫することに「配慮する」、という内容なのです。しかも、生活のためではなく、伝統儀式や漁法などの継承を目的とした場合のみその「配慮」がなされるそうです。

日本を含む世界144か国が賛成して2007年に採択された「先住民族の権利に関する国連宣言」には、「先住民族は、彼/彼女らが伝統的に所有し、占有し、また他の方法で使用し、もしくは取得してきた土地や領域、資源に対する権利を有する」と明記してあります。したがって、法的に先住民族と認定されたアイヌたちには、山林、河川での採取・収穫・狩猟する「権利」がありますす。その当然の「権利の行使」に対して、特別な場合のみ行政が「配慮する」とは、いったい何ごとなのでしょうか。

アイヌが先住民族として認定されたのですから、当然「先住権」が発生します。冒頭で指摘した通り、この両者は切り離すことができないというのが世界の共通認識です。「資源権」(RESOURCE RIGHTS)というのは「土地権」(LAND RIGHTS)とともに「先住権」(INDIGENOUS RIGHTS)の骨格をなすものです。その「権利の行使」は、行政によって「配慮」されるべき事項であるはずがありません。

「権利」のためにではなくて「管理」のための法律

この法律には、極めて重要な欠落している部分があります。法律は「先住民族」という言葉でアイヌを認知していますが、驚くべきことに、国際的に「先住民族」が本来有するとされる「先住権」という言葉が一度も登場していないのです。

「権利」という言葉は、この法律に4回記述されています。第1章第4条に「差別することその他の権利利益を侵害する行為」と述べられている部分、18条に「商標登録出願により生じた権利」というのが2回、そして16条に1回です。この16条によれば、アイヌ文化の儀式などを継承する目的で、「市町村の住民」が農林水産大臣の認可を受け、国有山林の山林物を「使用する権利を取得できる」とあります。

「市町村の住民」が先住民族アイヌであるとは特定されておらず、また大臣の認可がいちいち必要とされるのであれば、それは「権利」とは呼べません。実はこの法律の中でしばしば登場するのは、「権利」ではなくて「管理」という言葉なのです。「権利」は全体を通し4回しか出てこないのに、「管理」という言葉は、なんと25回も登場します。法案を読み、まず私が持った印象は、「これはアイヌの権利に関する法律ではなく、アイヌの管理に関する法律ではないか」というものでした。その根拠は、他国の「先住民族に関する法律」と比較してみると、きわめて明瞭となります。

先住民族が持つ採取・収穫・狩猟に関する権利に関する法律は、各国によって違いがあり、一概に言えません。

カナダでは、すでに先住民族に返還された土地以外でも、国有地の一部や国立公園の約半分の領域での採取・収穫・狩猟が権利として認められています。国立公園といっても、一か所で北海道の半分の広さの公園もあるのですから、広大な領域といっていいでしょう。

一方、私が住むオーストラリアは連邦制ですので、法律は各州によって異なります。しかし、原則として国有地の一部および国立公園における採取・収穫・狩猟の権利は、法律によって保障されています。

ニュージーランドの例は、すこし特殊で複雑かもしれません。なぜなら、ニュージーランドの先住民族マオリは、植民地政府との間に「ワイタンギ条約」と呼ばれる条約を締結していたからです。その条約に基づき、「資源権」に関するマオリの特別な権利が保障されています。

以上の3か国では、先住民族には「資源権」のみならず「土地権」も与えられています。オーストラリアでは、すでに全国土の約4分の1が先住民族コミュニティに返還されました。現在も裁判所で調停中のものがあり、先住民族コミュニティの「土地権」はオーストラリア全土でどんどん拡大しています。また、台湾でも現在、「先住民基本法」に基づき土地返還のプロセスが進行中です。

さて翻って、いわゆる「アイヌ新法」はどうなのでしょうか。この法律は、これまでに紹介した「先住民族の権利」をまったく認めていません。その代わり、文化維持活動のために、政府あるいは自治体が作成した計画の枠組みの中だけで、先住民族の資源利用に「配慮」してくれるそうです。これはいったいどういう意味をもつのでしょうか。

先住民族アイヌの経済的、社会的な自立拡大のためにつくられた法律ではなく、むしろ、アイヌに対する国家の権限と任意裁量権を増大させるための法律ではないのか、と考えられます。もちろん、この法律によって「アイヌ関連予算」は増えるのでしょう。しかし「保護・継承」される「アイヌ文化の内容」にかかわる最終決定権は、なんと内閣官房にある「アイヌ政策推進会議」が有するのです。また、アイヌは地方自治体を通して「文化事業」などを「提言」できる、としていますが、それを採択するかどうかを決めるのは、地方自治体なのです。地方自治体が採択した「文化事業」のみが内閣官房に上がっていく、と予想されます。

しかも白老町に建設される「民族共生象徴空間」や他のアイヌ文化事業を管理できるのは、政府が認定する「指定法人」だけです。「指定法人」とは、「特別の法律に基づき指定の業務を行うものとして主務大臣等の行政府により指定された法人」とされています。そうすると当然、行政府がその法人の運営や存続に対し、最終決定権をもつということです。これでは、アイヌの先住権や自己決定権を認め、推進する法律である、とはとても言えません。むしろ国家が、アイヌのアイデンティティ・文化・未来を「管理」できる「権利」を保障する法律となっているのではないでしょうか。

観光資源化に抗して

安倍晋三首相は、2019年の通常国会における施政方針演説で次のように述べました。

「広くアイヌ文化を発信する拠点を白老町に整備し、アイヌの皆さんが先住民族として誇りを持って生活できるよう取り組みます」

おそらく、アイヌ政策が政府の施政方針演説に登場したのは初めてのことだろうと思います。アイヌ政策が公の場で議論されることは歓迎します。しかし、驚くことに「人権」や「共生」という項目ではなく、なんと「観光立国」の項目の一部として、以上の言葉が安倍首相から発せられたのでした。アイヌに対して本来有するはずの「資源権」を認めないだけではなく、政府は逆にアイヌを「観光資源」として活用しようとしているのです。

さらに驚くべきは（この法律に関して、わたしは驚いてばかりいる）、以上の問題点にかかわり、日本の大手メディアから一切の批判がなかったことでした。

シドニー五輪の女子400メートルで優勝し、オーストラリアとアボリジナルの人々の旗を手に歓声に応えるキャシー・フリーマン選手＝2000年9月、五輪スタジアム（ロイター＝共同）

オーストラリアでは、2000年にシドニー・オリンピックが開催されました。この機会にオーストラリア連邦政府は、開会式で「アボリジナルの人々の文化」を取り込むセレモニーを行い、観光産業の活性化を目論見ました。当時の首相は、アボリジナルの人々の「盗まれた世代」に対する謝罪を拒み、「先住権」の範囲を狭めようとしていたジョン・ハワードでした。

しかし、実際に何が起こったのか。保守政治家たちの目論見とは逆に、「先住権」に関する議論が盛り上がったのです。オリンピック開催式の2か月ほど前、シドニー・ハーバー・ブリッジで「盗まれた世代」への国家的謝罪と賠償を求めて、白人・非白人を問わず30万人の人々が抗議デモに参加しました。

このオリンピックでは、アボリジナル・ピーポルのキャシー・フリーマン（CATHY FREEMAN）が女子400メートル競走で優勝したのですが、彼女はオーストラリア国旗だけではなく、アボリジナルの人々の「国旗」（ネーション・フラッグ）でも自分の身を包み、金メダルラップをおこないました。この時、会場は割れんばかりの歓声に包まれ、たいへん感動的なシーンとなりました。

それだけではありません。閉会式のパーフォーマンスは人気バンド「ミッドナイト・オイル」（MIDNIGHT OIL）でしたが、バンドメンバーが"SORRY"と大きく書かれたTシャツを着て、政府の先住民政策に抗議する曲を歌ったのです。2000年シドニー・オリンピックは、アボリジナルの人々の先住権獲得の闘いにとって節目の年になった、と記録されています。

この「先住権」獲得に関する前例にならうとすれば、東京オリンピックを、日本の先住民族の声を世界に届ける絶好の機会としなければならないと考えます。

著者注　本稿は、北大開示文書研究会、北海道大学大学院メディア・コミュニケーション研究院が主催して2019年3月、札幌市内で開かれた講演録を加筆・修正したものです。

オーストラリア先住民族では、世代間によって「何が差別用語なのか」の指定が異なります。本稿では、連邦政府の公文書で使用される「アボリジナルの人々」という表現を採用しました。

第3章　「共生の五輪」と先住権

テッサ・モーリス＝スズキ

「共に歌う」というビジョン

近代オリンピックとは、国家がナショナル・アイデンティティにかかわるステイトメントを表現しようとする場です。オリンピック・パラリンピックはスポーツの優れた能力だけでなく、国家が他の国々からどう見られたいか（または指導者が自国をどう見てほしいか）を象徴的に表現する場となっています。したがってナショナル・アイデンティティの声明は、時間の経過とともに精巧かつ壮大になってきました（Tamaki 2019）。

日本は１９６４年の東京オリンピックで、敗戦の焼け跡から立ち上がり、新興の経済・技術大国となった姿を世界に示しました。新幹線という輝かしい新たな鉄道網や、建築家・丹下健三設計の超近代的な流線形の代々木オリンピックスタジアムは、「奇跡的な経済成長」に向かうダイナミックな国の姿を表現しました。一方、２０２０年、オリンピック大会組織委員会の武藤敏郎・事務総長の言葉によれば、「オリンピック最大のキーワードは共牛（harmony）」とされています（山陽新聞、２０１９年11月16日）。

ここで掲げられた「共生」というテーマにはさまざまに解釈が可能でしょう。そのひとつに、日本に住む少数民族やその他マイノリティの権利保障に関する海外からの批判をかわす目的があるのは明らかだと思います。高齢化する日本社会は移民労働者のさらなる流入に門戸を開放します。それにともない、国際的になじみがある「多文化主義」という言葉に代わる日本の選択肢が、「共生」という言葉となったと考えます。

「共生」という言葉は、東京オリンピック・パラリンピックの式典だけでなく、関連するイベントや会場周辺でも年間を通じて表現されることとなるのですが、その「共生」の具体的な提示の仕方が論争を起こしました。

たとえば、初期の計画では「共生」する先住民族であるアイヌによる伝統舞踊がオリンピック開会式プログラムに盛り込まれるはずでした。ところが式典主催者はのちに、「時間的制約のため」アイヌは別の形で参加する、と発表します。「アイヌの方との共生というものも当然、視野に入れた式典になる」そうです（北海道新聞、２０２０年2月7日夕刊）。そして「アイヌの方との共生」を表現する場は、オリンピック・パラリンピック会場ではなく、北海道白老町に２０２０年４月下旬にオープンする予定だった、「民族共生象徴空間（ウポポイ）」という真新しい国立の建物の内外でおこなわれる、としました。

4月下旬のオープニングの予定は、オリンピック関連で日本に殺到する観光客をこの施設に受け入れる準備期間を確保するため、慎重に選ばれた日付でした（Kelly 2019）。「ウポポイ」はアイヌ語で「おおぜいで歌う」ことを意味して、「共生」（harmony）というテーマを反映させます。国立の博物館とその周辺は「民族共生象徴空間」と名付けられ、菅義偉内閣官房長官は、年間100万人の来場者を見込みたいとの希望的観測を述べました。この見通しは、札幌でのマラソン競技の開催により、さらに実現の可能性が高まったといえます（金子、佐藤2019）。

ただし、一部の人たちにとって、2億2000万米ドルをかけた新しい博物館と公園の建設は、東京オリンピック・パラリンピックで祝うはずだった「共生」の概念に、根源的な疑問を投げかけました（Kelly 2019; Nakamura 2019）。「共生」の促進は、日本の文化的・民族的多様性をより深く理解するためのマイルストーンとなりえますが、「共生」（unity in diversity）が主張されながら、じつは「調和」（unity）という言葉の方が強調されているのです。「多様性」（diversity）への理解は、食品、衣装、儀式、祭りといった「うわべだけの多文化主義（cosmetic multiculturalism）」に限定されてしまい、マイノリティの法的権利の保障にはつながっていませんでした。これは、日本のアイヌ社会にとってとりわけ重要な問題です。

アイヌの歴史と日本国家

19世紀半ばまで、アイヌ民族は現在では北海道と呼ばれる地域の南部からサハリン島中部、そして（現在はロシアが支配する）千島列島の南部まで広がる広大な地域に、自治集団として生活していました。アイヌの一部は、アジア本土のアムール川流域やカムチャッカ半島の南部にまで移動・移住し、18世紀後半まで日本の本州北部にも広く住んでいました。

アイヌ語のさまざまな方言は日本語とまったく異なり、アイヌ民族は独自の経済、文化、宗教などの制度をもつ集団でした。彼ら彼女らの経済ベースは、主に漁業と狩猟・採取でしたが、アイヌが住む比較的温暖な地域では、少量の穀物や野菜も栽培していました。アイヌ社会には複合的な交易ルートがあって、南は日本、西は中国、北は拡大するロシア帝国および周辺の先住民族コミュニティとの交流がありました。

南の日本との長期間の交流は、和人との婚姻が相当数あったことを意味します。18世紀にまず松前藩が、後には江戸幕府も、アイヌの漁業と交易活動への支配を強めましたが、アイヌの生活圏のほとんどは江戸幕府の「版図」には含まれていません。北海道と現在の名称になり、植民先として和人開拓者が押し寄せたのは、１８６８年の明治維新後のことでした。

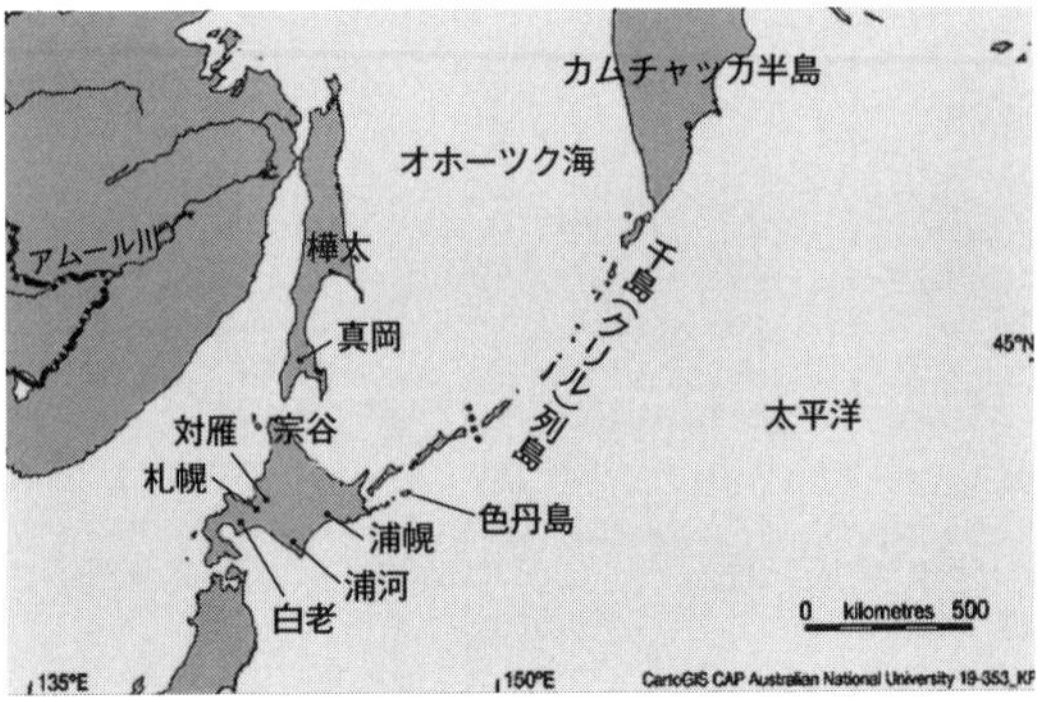

アイヌの生活圏（©CartoGIS CAP ANU）

アイヌの土地は明治政府によって没収され農地となります。伝統的なアイヌの狩猟や漁業には法的な規制がかけられ、アイヌの子供たちには同化主義政策の教育が強いられました。１８９９年の「北海道旧土人保護法」は、アイヌを日本国家に同化させるための法律でした。この法律は実際上多くのアイヌの人々に貧困と疎外をもたらします（萱野１９９４; Siddle 1996）。同法はほぼ1世紀にわたり施行されました。アジア太平洋戦争での敗戦により日本が樺太（サハリン島の南半分）と千島諸島の領土を失うと、この領域を生活圏としていたアイヌのほとんどが、先祖代々の故郷を永遠に離れ、北海道に移住せざるをえませんでした（Inoue 2016）。

民族間の婚姻や長期にわたる差別のため、現在、日本に住むアイヌ人口について、正確な数字を示すことは困難です。北海道での調査で、約2万４０００人というものがありますが、一部のアイヌは（東京を含む）日本の他地域に生活しているうえ、アイヌとしてのアイデンティティ表明を躊躇する人もおり、人口の過小な評価といえるでしょう（アイヌ・先住民研究センター２０１０）。

世界的な先住民族の権利獲得運動の高まりを背景に、北海道ウタリ協会（現在の北海道アイヌ協会）は1984年、時代錯誤の「北海道旧土人保護法」を廃止して、代わりにアイヌ文化を顕彰・普及し、教育と経済的自立を支え、漁業権を回復させ、国会や地方議会でアイヌの議席を確保することを定めたアイヌに関する新しい法律制定を要求する運動を開始しました（Siddle 1996）。しかし、日本政府の対応は非常に限定的でした。1997年に「北海道旧土人保護法」は廃止されましたが、その代わりに、伝統的な文化だけに焦点を絞り込んで、広範囲な自治的、社会的、経済的、政治的な要求が無視された「アイヌ文化振興法」が制定されました。

その法律制定以降にもアイヌの諸団体による活動は続き、2019年8月にアイヌ文化振興法も廃止されます。一般にメディアで「アイヌ新法」と呼ばれる新しい法律（正式名称は、もっと回りくどい「アイヌの人々の誇りが尊重される社会を実現するための施策の推進に関する法律」）が代わって成立しました。しかし、この「新法」も「アイヌ文化振興法」同様にきわめて限定的な内容で、カナダ、オーストラリア、ニュージーランド、台湾などの諸国で法的に保障された先住権の認知にはかけ離れたものです。2019年制定のいわゆる「アイヌ新法」もまた、文化に焦点を絞ったもので（白老町の「民族共生象徴空間」がその中心に位置付けられている）、日本政府が特別に許可する特定の宗教的、文化的目的の場合にのみ、アイヌに伝来する河川、海洋、森林資源の特別な使用許可が極めて限定的に与えられます。この法案に対するアイヌのコミュニティの反応は非常に複雑なものでした。北海道アイヌ協会の指導者たちは法案への支持を表明したのですが、他の諸コミュニティのメンバーからは広範な批判の声もあがりました。法案作成にかかわる不適切な協議および協議そのものの不足、加えるに先住民族としてのアイヌの権利（先住権）を認めない法整備の不足の双方に対して疑問が投げかけられています（東村2019、清水 畠山 丸山 市川2019、モーリス＝スズキ2018）。

簡略化された協議プロセスや法案の拙速ともいえる起草は、2020年オリンピック・パラリンピックの開催予定時期に配慮して進行しました。2019年初頭、日本国内メディアの報道では、政府は「来年の東京五輪・パラリンピックに向けて民族の共生を世界にアピールする狙いもあり」（産経新聞2019）、今（2019年通常）国会会期中の法案成立を進めている、と指摘されました。このアプローチの仕方は、「民族の共生」をどう解釈しているかにかかわり、政府の基本姿勢に重大な懸念が生起されます。日本政府が目指すのは、「権利保障や謝罪といった内容を取り除き、観光を中心とした表面的共生にすぎない」（東村2019）ことを示唆するからです。国立アイヌ民族博物館の展示内容が公開される前から、土地収奪や差別に対するアイヌ民族の長い闘いの歴史をどの程度反映するのかという点、および現在日本に住んでいる樺太、千島アイヌの子孫の権利に言及しないまま新たなアイヌ政策がまとめられてしまったことを懸念する声が、広範に上がっています（田澤2017）。

浦幌アイヌ協会は、いわゆる「アイヌ新法」の施行に対抗して、先住権の実現をめざし国と道を相手取って提訴することを決めました（東京新聞、２０２０年1月13日）。一方、２０２０年1月、麻生太郎副総理が国政報告会で「二千年にわたってひとつの言葉、ひとつの民族で、ひとつの王朝が続いている国など世界中に日本しかない」、つまり換言すれば、日本にアイヌは歴史上存在しないと発言したため、「共生」という政府の公約がどれほどの意味を持つものなのか、と重大な疑問符がついたのです（Japan Times 2020）。

争点となった遺骨

「民族共生象徴空間」の一角は、特に激しい論争の的となっています。博物館などがある主要区域のはずれが「慰霊施設」の建設地に選ばれました。そこが、人類学者や他の研究者たちが、地元コミュニティの同意を得ずに発掘し、研究目的、あるいは単に戦利品として国内外の博物館や大学に持ち去った千人を超えるアイヌの遺骨の永眠の地とされたのです。また、盗掘された遺骨は英国、ドイツ、オーストラリアなどにもあります（「民族共生象徴空間」の慰霊施設について、外国人訪問者用の公式広報パンフレットではまったく言及されていないことは特筆に値する）。多くのアイヌ団体が長年にわたり、これらの遺骨の返還運動を行っており、こうした団体による提訴の結果として、これ

杵臼コタンに返還されたアイヌの人々の墓標＝2019年，北海道浦河町で（著者撮影）

までに約１００人の遺骨が地元コミュニティに返還されました。

遺骨返還問題は、アイヌ・コミュニティの間でも深刻な対立を招いています。北海道アイヌ協会は政府の計画に賛同しました。しかし、他の多くの個人や団体、とりわけ日高地区に拠点を置く「コタンの会」と、最近設立された「静内アイヌ協会」は、真の「遺骨返還」とは持ち去られた遺骨を元のコミュニティに返還することで、コミュニティ自身が営む適切な慰霊儀式を伴う必要がある、と主張しています（清水２０１８、清水葛野 Gayman 2018; Nakamura 2019）。個人または団体が「象徴空間」の慰霊施設に安置される遺骨の返還を求めることは今後も可能です。しかし、その手続きはきわめて複雑なものになるとみられます。遺骨の地元への返還を要求する人たちからは、主要な観光施設の傍らにある超近代的なコンクリート構造の慰霊施設は、亡くなったアイヌの人々にとって極めて不適切な永眠の地である、との批判が聞こえてきます。多くの研究者や活動家たちは、アイヌの遺骨を集合的な慰霊施設に埋葬するのでなく、遺骨が持ち去られた地元コミュニティを積極的に探し出し、できるだけ多くの遺骨が故郷に戻されて埋葬されることを保証すべきだ、と政府に要求します（Nakamura 2019）。

オリンピック・パラリンピックを越えて

オリンピック・パラリンピックの目的のひとつが開催国のナショナルな文化とアイデンティティを世界にアピールすることだとすれば、２０２０年に開催予定だったオリンピック・パラリンピックでは、開会式とスポーツの祭典を取り巻くイベントの双方に、アイヌ文化の表現が盛り込まれてしかるべきでしょう。オリンピック・パラリンピック開催に向けた「民族共生象徴空間」の創設は、海外からオリンピック・パラリンピックを訪れる人々に、アイヌの歴史と現代のアイヌ社会をもっと意識・理解してもらえる積極的な役割を果たすことができます。しかし、日本のアイヌ政策の近年の歴史を振り返れば、アイヌの歴史と文化やまったく解決していない先住権をめぐる諸課題とオリンピック・パラリンピックの祝典の関係、および政府の対応に大きな疑問を抱かざるを得ません。

アイヌの生活は、オリンピック・パラリンピックやその周辺の文化的イベントの中でどのように表現されるでしょうか。オリンピック・パラリンピックへの来訪者は、生活権・資源権（先住権）の認知と祖先の遺骨返還を求めるアイヌ・コミュニティの継続する闘いについて学ぶでしょうか。旅行者たちは、複雑で過酷な経験を語るアイヌの声を聞く機会があるのでしょうか。アイヌの人々が自主的に自らの歴史、文化、未来への願望を表示することができるでしょうか。それとも、「多様性と共生の五輪」は、巧妙に操作されたアイヌ文化のイメージだけを、すでに達成された日本の「共生」の中での色鮮やかで調和的なモザイクのひとつとして提示するのでしょうか。

２０２０年に予定されていたオリンピック・パラリンピックとアイヌ民族に関するメディアの報道を追うと、私は２０００年の豪州・シドニーオリンピックでの先住民族の文化紹介をめぐる議論を思い出しました。２０００年のオリンピック・パラリンピックの開会式の主要な部分では、アボリジナルの人々の芸術的なデザインと精神的な伝統が強調されました。当時のオーストラリア政府はアボリジナルの人々の文化を利用する観光政策に傾注していました。そうでありながら、当時のジョン・ハワード政権は、国の同化政策による悲劇的な状況に対してアボリジナルの人々に謝罪することを拒否していました。すると何が起こったのか？オリンピック・パラリンピックの開催を変革の契機にしようとする運動が、全国で盛り上がったのです。シドニーオリンピック・パラリンピック開催2か月前、約30万の白人・非白人がシドニー・ハーバー・ブリッジでの抗議デモに参加し、アボリジナルの人々の「盗まれた世代」（国家的同化政策の一環として家族から強制的に引き離された子どもたち）への謝罪を政府に要求しました。オリンピックの閉会式では、人気ロックバンドのミッドナイト・オイルが“SORRY”と大きく書かれたTシャツを着てステージに上がりました。アボリジナルの人々の先住権認知を求める「Beds Are Burning」を演奏、「土地は彼ら彼女らのものだ。返そう」と歌いました。こうした一連の出来事と政権交代もあって、オーストラリア政府は2008年2月、アボリジナルの人々の盗まれた世代に対し、連邦議会で公式に謝罪したのです。

オーストラリアでの経験は、日本での先住権を求める闘いのダイナミズムと異なっているかもしれません。しかし、2020年に予定されたオリンピック・パラリンピック開催で議論されたアイヌのアイデンティティの位置づけや広範な文化的背景をめぐる論争は、日本にとっても「変革の契機」となる可能性を秘めていました。

オリンピック・パラリンピックの式典で、あるいは2020年4月にオープンする予定だった「民族共生象徴空間」を訪れ、そこで提示されるアイヌの歴史と文化を見て、日本国内外の人々は、以下の疑問を発します。

日本政府は、「先住民族」であるアイヌの「先住権」（この二者は切り離せない）をどこまで認知しようとするのか、あるいはしないのか。アイヌの人々は将来に対しどのような展望を持ち、その展望はいかにして達成されうるのか。

オリンピック・パラリンピックの開催は、「うわべだけの共生」を唱える文化的観光的ツーリズムに終わらせることなく、先住民族と公式に認定されたアイヌの人々の社会的、文化的、経済的、政治的な権利の獲得にかかわる真剣な議論を始める機会となりうるのです。

（日本語翻訳＝吉田 美枝子）

著者注　本稿は、ジャパンフォーカス誌18巻4号（２０２０年２月15日）に、"Indigenous Rights and the 'Harmony Olympics'"と題して掲載された論文を加筆、修正したものです。

〈参考文献〉

北海道大学アイヌ・先住民研究センター『現代アイヌの生活と意識』２０１０年。

東村岳史No Rights, No Regret: New Ainu Legislation Short on Substance. *Nippon.com.* 26 April 2019.

Inoue, Koichi. 2016. A Case Study on Identity Issues with Regard to Enchiws (Sakhalin Ainu). 北方人文研究 — Journal of the Center for Norther Humanities. 9. 75-87.

Japan Times. 14 January 2020. ' Deputy Prime Minister Taro Aso again courts controversy with remarks about Japan's ethnic identity'.

金子、佐藤「官邸『札幌』前向き――ウポポイ 集客も期待」北海道新聞、２０１９年10月31日。

萱野 茂 1994. ***Our Land was a Forest: An Ainu Memoir*** (Trans and ed. Kyoko and Mark Selden). Westview

Press.
Kelly, Tim. 2019. Aiming at Olympic boom, Japan builds 'Ethnic Harmony' tribute to indigenous Ainu. Reuters. 29 October.（accessed 1 November 2019）.
テッサ・モーリス＝スズキ. 2018.Performing Ethnic Harmony: The Japanese Government's Plans for a New Ainu Law. *The Asia-Pacific Journal: Japan Focus*. 16（21）no. 2.
Nakamura, Naohiro. 2019. Redressing Injustice of the Past: The Repatriation of Ainu Human Remains. Japan Forum. 31（3）. 358–377.
産経新聞「アイヌ支援法案を閣議決定　先住民族と明記」２０１９年２月15日。
清水裕二 2018.*Towards a Respectful Repatriation of Stolen Ainu Ancestral Remains*. In Gerald Roche, Hiroshi Maruyama and Åsa Virdi Kroik. Indigenous Efflorescence: Beyond Revitalisation in Sapmi and Ainu Moshir. Canberra: Australian National University Press. 115–120.
清水裕二、葛野次雄 Gayman,Jeffry.2018.Ainu Experience. Presentations given at the International Symposium *Long Journey Home: Repatriation Symposium*. National Museum of Australia, Canberra, 7 May 2018.
清水裕二、畠山敏、丸山博、市川守弘 *Recognition at Last for Japan's Ainu Community*. 日本外国特派員協会での記者会見、２０１９年３月１日。
Siddle, Richard. 1996. *Race, Resistance and the Ainu of Japan*. Abingdon: Routledge.
Tamaki, Taku, 2019. *The Olympics and Japanese National Identity: Multilayered Otherness in Tokyo 2016 and 2020*. Contemporary Japan. 31（2）. 197–214.
田澤守「樺太アイヌからみたアイヌ政策の根本問題」第５回アイヌ政策検討市民会議での発表、２０１７年６月18日。

II　先住権とアイヌ民族

第1章　アイヌの誇りを胸に

葛野　次雄
楢木貴美子
差間　正樹

i 父から子へ受け継ぐ

葛野《くずの》　次雄《つぎお》　静内アイヌ協会会長。1954年、北海道新ひだか町静内生まれ。タクシー運転手、農業などを経ながら、父辰次郎の跡を継いで、アイヌ先住権とアイヌ文化の発展に尽力する。

土地を売った覚えはない

葛野家にはカムイノミ（神に祈る儀式）が現代にいたるまで脈々と受け継がれています。父、葛野辰次郎は1910年に生まれ、2002年に数え年92歳で亡くなりましたが、幼い時からアイヌ語の中で育ち、自由にアイヌ語を話しました。親父がいつも口にしていたことを思い出します。それは山本多助エカシや中本むつ子フチ、川村カ子トエカシ、萱野茂エカシも言っていたと思いますが、日本国に対して「あなた達は蝦夷《えぞ》地を我々からどうやって買ったのですか。我々は売ったつもりも、貸したつもりもない」と話していた。私は法務局や北海道庁に行き、アイヌが土地を売った証拠があるのか聞いたことがありますが、明確な答えはなかった。いまさら蝦夷地を返せと言いません。父辰次郎は「山に行って木を切る権利、海に下がって鮭と昆布を取る権利、また山に戻って熊や鹿を取る権利、これさえもらえば文句はない。金はもらうな、権利は返せ」と言っていた。その通りだと思います。

先住民族の権利を認める国連宣言が２００７年に採択された翌年、日本でも衆参両院がアイヌを先住民族と認めることを求める決議をしました。それから十数年経って「アイヌ新法」の話が盛り上がり、いよいよ先住権が認められるのかと注目しましたが、中身を知って、これはどういうことなのかと思いました。

今回のアイヌ新法は、アイヌを先住民族と認めましたが、「先住権」を認めていない。私らは空っぽの皿をもらったような気がします。イソップ物語の「狐と鶴のご馳走」を思い出した。鶴を招待した狐は、平らな皿でスープをご馳走したので、鶴はクチバシが長くて飲むことができなかった。狐はそれを横目に美味しそうにスープを飲む。こんな物語と一緒では困ります。

国が白老町に「民族共生象徴空間（ウポポイ）」を作りました。菅官房長官が白老に来て、「これでアイヌの生活が良くなる」と言いましたが、その場所でアイヌが踊り、儀式を行い、それを見せることで、アイヌの生活がよくなるのでしょうか。ここでもまた和人のつくり話です。

「象徴空間」には博物館のほかに、アイヌの遺骨を納める慰霊施設をつくりました。北海道大学などの学者は戦前から戦後にかけて、研究に使おうとコタン（村落）から多くのアイヌ遺骨を勝手に持ち去りました。この慰霊施設に、全国の大学に保管されている遺骨を納める計画が進み、北海道アイヌ協会も同意しました。しかし、「象徴空間」に遺骨を移すことが、アイヌの尊厳ある慰霊なのでしょうか。北海道アイヌ協会の同意だけで決定できるのでしょうか。それぞれの地方にそれぞれの風習・文化があり、埋葬の形も違います。コンクリートの建物の中に納めて、「日本国はアイヌ遺骨の尊厳ある慰霊を行いました」というのであれば、アイヌの尊厳は顧みられていない。遺骸は土に埋めるのがアイヌの文化です。

アイヌの遺骨は元の場所にすみやかに静かに戻してほしい。大学の先生が穴を掘って持ち去ったのなら、掘ったところに返せばいい。母なる大地から私たちは生まれてきた、と父辰次郎は言っていました。それなのに、生まれた土地に戻らず、建物の中で見世物になるのなら、これは人間のするべきことではありません。

遺骨を取り戻す

昭和初期に浦河町杵臼コタンのアイヌ墓地から掘り出された12体の遺骨が、北海道大学のアイヌ納骨堂に入れられていました。２０１２年、杵臼コタン出身の小川隆吉エカシと城野口ユリフチが北大を相手に遺骨返還訴訟を起こし、私も同じ日高に住むアイヌとして支援しました。裁判に参加することで、アイヌ先住権について学びました。城野口ユリフチは裁判の途中で亡くなりました。どんなに残念だっただろうと思います。

返還される祖先の遺骨とともに北海道大学アイヌ納骨堂を出る小川隆吉さん＝2016年7月、札幌市で（小田博志撮影）

杵臼コタンの12体の遺骨返還を求めた裁判は、２０１６年に北大との和解が成立し、遺骨が初めて杵臼コタンに帰ることになりました。7月15日に遺骨を受け取り、16日にカムイノミ、17日に再埋葬、イチャルパ（先祖供養）と決まり、日高アイヌとして私がカムイノミの祭司をすることになりました。でも、遺骨の再埋葬というのは経験したことがなかった。アイヌ式の葬儀も父辰次郎が亡くなった時が最後で、それ以来だれもやったことがない。一生懸命調べ、ウタリ（同胞）の神谷さんたちに手伝ってもらって、埋葬後に建てるクワ（アイヌ式の墓標）づくりも進めました。

しかし、再埋葬を間近にして妻の父が亡くなりました。その時は頭の中が真っ白になりました。大変に困った。身内に葬儀があった時は別の人の葬儀に参加できない決まりがあり、参加したら罰があたると聞きました。悩む私に、妻は「義父さん（辰次郎エカシ）は、正しいことをしようとするアイヌに罰をあてる神様はいないと言っていた。あんたは私の父の葬儀に出なくてもいいから、再埋葬のカムイノミをしてください」と言ってくれました。その言葉で決心し、緊張したカムイノミでしたが、無事終えることができました。後片付けをしているとき、静かだった空から急に雨が降ってきた。ああ、死んだ先祖が喜んでくれているな、と思いました。再埋葬の後も罰が当たるということはなかったです。

再埋葬の時、息子の大喜が手伝ってくれました。彼は再埋葬を経験して、アイヌとして生きていく気持ちが強くなったのではないかと思います。

私が住む静内では、町の墓地改装事業に伴って1956年、アイヌの遺骨が掘り出されました。

北大は町の依頼を受け、静内駅前アイヌ墓地から161体の遺骨を発掘して持ち去ります。しかし持ち去ったのは頭骨だけで、残りの四肢骨は無縁墓地に埋葬されました。頭蓋骨だけは大学へ、残りは無縁墓地へ埋められたのです。死んだ先祖の骨は引き裂かれた。こんなひどいことがありますか。改葬事業ですから、発掘した遺骨は新たな墓地に再埋葬されて初めて完了するはずですが、アイヌの遺骨は大学が持ち去ったままですから、改葬は終了していない。日高のアイヌで組織する「コタンの会」として、北大と新ひだか町（旧静内町）を相手に裁判を起こしました。北大は遺骨を返す責任があり、新ひだか町は返還された遺骨の埋葬を完了する責任があります。2017年12月に第1回口頭弁論があり、私は意見陳述しました。

ところが、途中から「新ひだかアイヌ協会」が裁判に参加してきました。そして、「静内から発掘された遺骨は、白老町の象徴空間の慰霊施設に入れるべきだ」と主張したのです。返還を求めるアイヌの中で意見が分かれることになり、裁判は膠着《こうちゃく》した末、取り下げざるをえなくなりました。しかも驚いたことに、新ひだかアイヌ協会の役員会は、協会の方針に従わないとの理由で、遺骨の地域返還を求めた私たちを除名処分にすると言い出したのです。私は新ひだかアイヌ協会の総会に出席して自分の思いを述べ、自ら退会しました。そして、志を共にする人たちと2019年9月、静内町神森生活館で新たに「静内アイヌ協会」を設立しました。静内のたくさんのアイヌが会員になってくれました。静内アイヌ協会こそが、アイヌの先住権を主張する私たちアイヌの集まりです。

必ず先祖の遺骨を取り戻したい。更に木を切る権利、サケを獲る権利、鹿を取る権利、土地を得る権利を実現してアイヌの生活を自立させたいと決心しています。

兄の死とエカシの覚悟

私は1954年、葛野家の10人兄弟姉妹の9番目に生まれました。中学校を出ると、三つ上の兄と内地に出稼ぎに行きました。最初の年は三重、次の年は山梨で鉄道ケーブルの敷設工事をしました。2メートルぐらい穴を掘ってケーブルを敷設するのですが、目が悪かった兄には「穴に絶対入るな」と伝えていた。しかし、魔が差したというか、たまたま穴に入って作業していたとき、土が崩れて埋まった。だれかがユンボで掘ろうとしたが、「どこが頭で足かわからないから手で掘れ」と声がかかり、5、6人で懸命に掘った。それでも助け出すのに30分はかかり、救えなかった。遺体が家に戻った時、両親は夜な夜な泣いた。あれからもう50年経ちますが、助けられなかったという思いは心の中にいつもある。忘れよう、忘れようと思うが、絶対に忘れられません。

父辰次郎は、肺結核で長い闘病生活を送りました。幼いころの私が覚えているのは、病院に入院している姿ばかりです。兄は生前、入院中の親父にアイヌ語を教えてほしいと頼みますが、教えてもらえなかった。そんな親父に対して、兄は「アイヌ語も知らなくて何がアイヌだ」と言ったそうです。

アイヌは長く、日本の同化政策のもとでアイヌであることを否定されてきましたから、親父は子どもにアイヌ語を教えなかったのです。しかし、「アイヌ語も知らなくて何がアイヌだ」と言った兄が若くして急死した。そのことが父辰次郎を動かし、祖先から受け継いだ伝統文化や祈りの言葉をアイヌ語で丹念に書き残す仕事を始めたのだと思います。書き綴ったノートは100冊を超え、葛野家の宝になりました。その一部は後年、『キムスポ（話の倉庫）』として出版しました。

兄の死で、私は北海道に戻り、1975年、20歳のときに大型2種免許を取って地元のハイヤー会社に就職しました。当時、日高地方の牧場で生まれた競走馬「ハイセイコー」が一世を風靡《ふうび》しており、観光客も少なくなかった。ある時、東京方面から来た女性を乗せました。すると、「運転手さん、私はアイヌの人が見たい」と言われた。それで、「この先のカーブ曲がったら見せてあげるから」と伝え、曲がって車を止めると、「俺がアイヌだ」と言った。女性は驚いて、「アイヌが普通の人だと思っていなかった。失礼しました」と言うので、「あなたたちは習っていないのだからいいよ。仕方ない」と伝えました。アイヌは熊と野原で暮らしていると思っていたのでしょうか。

内閣府が2018年に「アイヌ政策に関する世論調査」の結果をまとめています。全国の3000人を対象に調べ、有効回答が1710人。「アイヌという民族がいることを知っているか」との問いに、5・3％が「知らない」と答えています。30代では1割近くの人が知らなかった。最近でもそんな状況です。戦後、日本国がいかにアイヌというものを知らせないような政策をとっていたかを示す数字だと思います。

私が若い頃は、アイヌ先住民族という言葉は立法化されていませんでした。こんなこともありました。ハイヤーに乗って数年後、青森から静内の親戚のところに越してきたという女性を乗せました。可愛くて、自分としては初めて思いを寄せた。その人は口数が少ないので、自分がよく話した。一度だけ、支笏湖まで行って食事しました。ある時、女性の家に車で迎えに行くと、その人の2階の部屋からA４ノートの端きれが1枚、ヒラヒラと落ちてきた。そこには、あなたはアイヌの人だから付き合えません、と書いてあった。

その後も、その家の前を通ると、2階の窓に電気が点いているか見上げたりしていました。するとある日、無線でその家に配車されたのです。その人が、ボストンバッグを持って出てきた。どこまで、と聞くと、駅、と言うので、青森に帰るのだとすぐわかった。胸が詰まって言葉が出ず、その人も無口だから何も言わないまま、駅に着いた。それが会った最後でした。この時初めて、アイヌであること、和人との違いを実感したのかもしれません。

ハイヤーの仕事は26歳で辞めました。私は37歳で結婚し、４人の子を授かりました。

跡を継ぐということ

生前の父辰次郎のもとへは、アイヌの研究者などがずいぶんたくさん訪ねてきましたが、私が話に加わることはありませんでした。話している内容はいつも扉越しに聞こえていたので、少しずつアイヌの伝統などを覚えていきましたが、私が直接教わるということはなかったし、私も聞かなかった。跡を継ごうと思ったのは、親父が亡くなった42歳のころだったと思います。

亡くなる少し前、「親父、亡くなった後はどうする？」と聞いたことがあります。すると、「そうだな、焼いたら熱いからな」と言った。続けて、「でもまだ死ねない。戦争で亡くなった人たちがこの背中に乗っている。戦争をやめさせてくれ。そのことを考えると死ぬに死ねない」と言いました。

父辰次郎は1944年に横須賀海兵団に入隊しますが、肺結核の診断を受けて帰郷し、命拾いしています。戦争は互いに撃ち合い、人のものを奪うだけでなく、相手の市民にもひどいことをする。アイヌも、アイヌモシリを奪われ、相手の文化や風習を押し付けられた。そういう歴史を知っているから、父は本当に争いごとが嫌だったのだと思います。

アイヌの葬儀は、戦後もしばらくは土葬でしたが、次第に日本式の火葬に変わっていきました。親父が「焼いたら熱い」と言ったのは、葬儀はアイヌプリ（アイヌ式）でやってほしいということです。以前から、人間は土から生まれて土に帰るんだ、と言っていた。町役場に土葬が可能かどうか聞きました。そしたら、「葛野さん、いまさらどうして土葬なのですか」と言う。そんなこと、人に言われる筋合いはない。アイヌ式で葬式するのはアイヌなら当たり前です。それで、親父の葬

杵臼コタンで再埋葬のカムイノミを司る葛野次雄さん＝2016年7月、北海道浦河町で（小田博志撮影）

式はアイヌプリで弔いました。

もうひとつ、父辰次郎が私に言い残したことがあります。それは、自分が建てた石の墓を壊してほしい、ということでした。兄が死んだとき、父辰次郎は葛野家の墓をつくりました。御影石に「葛野家之墓」と刻んだ石の墓です。親父はぶどう酒を飲みながら、「石の墓に手を合わせるのはいやだ。石には何もない。墓を壊せ」と言った。父辰次郎はエカシとして、誰かが亡くなるとカムイノミをしました。カムイノミをすると、新聞社が取材に来たりもする。先祖に供物をあげ、蛇の神様、カラスの神様、熊の神様、自然界の万物に御神酒をあげ、お祈りの言葉を捧げる。これがアイヌプリだということを示す。ところがその一方で、自ら建てた葛野家の墓が日本式の石の墓では理屈が合わない。心のなかに葛藤が相当あり、私に壊せと言ったのでしょう。

アイヌ文化というのは、生まれてから亡くなるまでの一生のことを言うのだと思います。一生かかっていろいろな仕事をして亡くなるとき、アイヌ式で埋葬するのがアイヌの文化です。父辰次郎は、自分の妻が亡くなったときも、長男が亡くなったときも、それができず、後悔していたのだと思います。

2016年に杵臼で再埋葬があり、その翌年には十勝の浦幌でも再埋葬がありました。二つの再埋葬でカムイノミをした私は、アイヌとしてアイヌの宗教を貫きたいと決意し、家族や周りの人に相談して石の墓を壊すことにしました。墓には母と兄の遺骨が入っています。2人のクワを作るために山に入り、2018年6月、墓を撤去しました。2人の遺骨を改めて土深く埋葬してクワを建て、家に帰ってカムイノミをしました。葛野の人々はようやくアイヌがもともと行ってきたアイヌ式の葬り方で土に帰ったのです。墓の改葬を済ませたことで父も喜んでくれていると思うと、心が落ち着きました。そのあと、叔母が亡くなりましたが、叔母の葬式もアイヌプリで行いました。アイヌとして生きていく道が見えたと思いました。先祖は私の決意をどう受け止めているのでしょうか、ぜひ聞きたいです。

将来につなぐ

次男の大喜はいま、大学院でアイヌ文化を研究する道を進みはじめています。藤村久和さんに弟子入りしたような形ですが、藤村さんは、実は父辰次郎のもとに半世紀ぐらい通っていた人です。辰次郎エカシから聞き取り調査したテープも持っている。ですから、大喜は私から間接的に辰次郎エカシの話に触れるのでなく、もっと近い形で学べる環境を選んだのです。

大喜は、アイヌの若者を対象にした奨学金制度で札幌大学に入るとき、「公務員になって、お父さんに家を建ててやる」と言っていましたが、1年経たないうちに、「公務員はやめる。アイヌを研究する」と私に打ち明けた。その時、すかさず出た私の言葉は「アイヌをやっても稼げないぞ」だった。返ってくる言葉はありませんでしたが、私の内心は七分ぐらいが喜びで、あとの三分ぐらいが心配でした。大喜は、同じ大学の学生から、奨学金を受けていることをなじられるような経験もしたようです。よし、それならまっすぐアイヌに向き合おう、ということになったのではないでしょうか。

父辰次郎は、日本国の同化政策が蝦夷地に押し寄せても、戦後に列島改造の波が押し寄せて社会の色が変わっていっても、惑わされなかった。信念を貫いてアイヌ語をノートに記録しつづけ、100冊余りを残した。いわば「非国民」を貫いたということです。そのノートには何かを批判する言葉はほとんど書かず、アイヌの儀式のこと、昔の物語のこと、隣のじいさんから聞いたこと、母親から聞いたことなどを黙々と書いています。

２０１９年の冬、仏壇も壊そうと思って片付けていたら、父辰次郎が残した大学ノートがまた２冊見つかった。１０５冊目と１０６冊目です。読んでみると、最後の方に大喜のことが書かれていた。私には子どもが４人いますが、当時1歳だった大喜のことだけが書いてあったのです。なぜなのか不思議でした。

アイヌ語で、こうありました。

ダイキ　マワㇱヌ　キノ　オウレウㇲ　キワ、シオイナ　カムイ　コオンカミ、キ

大喜は、健やかに成長して尊い神に拝礼するだろう――というような意味です。当時、長男も小さくて「アイヌはイヤだ」と言っていたわけでもないのに、次男の大喜が神に拝礼するとなぜ書いたのか。実際、辰次郎エカシの言葉通り、大喜がアイヌを研究して将来につなごうとしているのです。

２０１９年10月5日、杵臼コタン墓地に北海道大学が追加のアイヌ遺骨3体を返還して、再埋葬がありました。カムイノミ、イチャㇽパが行われました。墓地の隣に全国から寄せられた募金を使って再埋葬の記念碑が作られました。大喜が考えてくれたイタㇰ（言葉）が、こう刻まれています。

ウタリ　アエカシヌカル

ポネ　オシニキ　タテケンル　アカルキワ
アイヌウタリ　ウコラミンカレ　アンキアワ
シタンネパイカ　アエモシマ　キワ
アパンペオシケ　キアコロカ
テウンノアナク　シアルモンサモロタ
ネプヌシッキ　キイカ　コイサムノポ
オモンラッチノ　シニ　キクニプ　ネルウェタパンナ。
メチャッコネワ　トゥマムネワ
タアンラクンモシリ　コホツパキ
シンリッネ　ウタリ　オイナネレキワ　イコレキヤン。

同志をお迎えして

ここに眠るアイヌウタリたちは、
長らく納骨堂に閉じ込められたまま、
研究の対象とされ続け、

侮辱を受けてきましたが、
いまは極楽浄土で、
何の気苦労もなく、
安らかに休んでいることでしょう。
苦悩に耐え、
遺骨をこの地上に残していった
先祖たちを敬い、大切に想ってください。

ii 樺太アイヌの「戦後」

楢木貴美子《ならききみこ》

樺太アイヌ協会副会長。1948年生まれ。樺太アイヌ刺しゅうなど伝統工芸の第一人者で、樺太アイヌの歴史や文化の語り部活動に活躍している。

半農半漁の入植生活

樺太アイヌは自らを「エンチウ」と呼びます。エンチウとは、樺太アイヌ語で「人間」という意味です。

エンチウは1933年の強制同化政策によって日本国籍にされたため、第二次世界大戦末期のソ連軍侵攻で日本本土への移住を余儀なくされ、代々受け継いできた物もすべて置いたまま逃げなければなりませんでした。移住を強いられた私の両親と兄姉、それに母方の祖父は、父の故郷である青森県弘前市に逃れました。そこで私は1948年、母（エンチウ）と父（日本人）の間の8人兄妹の末っ子として生まれました。

樺太を引き揚げる際は8貫目（約30キロ）まで所持できましたが、その他一切の財産はソ連軍に引き渡し、所持金は点検されて一銭も持つことができず、上陸した函館で、引揚援護局から一家族千円と軍隊が使用した毛布や靴が配給されたそうです。弘前で過ごした数年後、父が亡くなりました。残された一家は、私が3歳のときに北海道の宗谷管内豊富町稚咲内《わかさかない》に移住しました。エンチウの同胞たちが次々に入植したと聞き、私達一家も行くことを決心したのです。

稚咲内は1948年、農山漁村振興対策として漁田開発地区の指定を受け、半農半漁として入植が始まりました。樺太の真岡南方で漁業を営んでいた人達らが次々と入植し、総戸数が136戸に達した時代でした。母と祖父は掘っ立て小屋を作り、鍬と鎌で開墾を始めました。わずかの米の配給がありましたが、到底たりず、入植時の春に種芋の割り当てもありましたが、食糧難の苦しみのあまり種芋の半分を食べてしまう有り様でした。畑に芋、とうきび、南瓜を植えました。1955年頃からニシン漁の不振が続き、農業だけをする人もいましたが、農業には悪条件の土地で離農する人が続出しました。

エンチウである母は1907年、樺太の真岡南方の広地村多蘭泊（タラントマリ）で生まれ、1992年に85歳で他界しました。人生の約半分を樺太で苦労し、さらに日本に来てからも苦労の連続でした。母は晩年、身体がボロボロになり、ちょっと転んでも骨折するほどになっていました。

現在の稚咲内には港がありますが、子どもの頃はまだ港はなく、砂浜でした。稚咲内は作物を作ることもままならない酷い土地で、そこに集まったエンチウたちはみんな苦しい生活でした。我が家は半農半漁のため、春になると浜の番屋に移り住み、木造船で春はニシン漁、夏はホッキ貝、秋は鮭などの漁業でした。当時は車のない時代でしたから、もっぱら馬が原動力でした。子どもたちも手伝いをしなければならず、姉たちとともに働きました。馬糞をもっこで背負って畑に運んで肥料にしたほか、薪拾いや薪割り、水くみ、ランプのほや磨きなど、手伝いは山のようにありました。夏場は夜に船を出して漁をすることもあり、そんな時はまだ幼かった私が灯台の代わりになって、砂浜で焚き火をしたこともありました。

晩秋になると、浜の番屋から山の家に移り住みました。当時は風や潮の加減で稚咲内にも冬に流氷がやってくることがありました。そんな時は昆布などが浜に上がるので、それを拾い集め、祖父はよくまな板の上でとろろ昆布のように千切りにし、汁物に入れて食べました。そのころの私達のおやつは、野いちご、ハマナス、桑の実、山ぶどうなど自然にあるものばかりでした。夏場に磯船で漁をして浜に戻ってくると、豊富町の商店のおじさんが自転車一杯に食糧品やお菓子を積んできて、魚と物々交換します。その時は嬉しくてどんなお菓子が貰えるかと、わくわく気分でした。

生活が一番苦しい時期は、冬から春にかけてです。冬は兄達が出稼ぎに行って送金してくれるのですが、それでもお金が足りず、末っ子の私は口減らしのため、子どものいない親戚の家やよその家に預けられました。それでも私は淋しくありませんでした。なぜなら、我が家にいるとおやつはありませんでしたが、よその家に行くとキャラメルやお菓子が貰えるからです。

空腹の中で死んだ祖父

1955年頃になるとニシンがまったく取れなくなってしまい、魚かすを煮るのに使っていたニシン釜は露天の五右衛門風呂に早代わりしました。私と姉は近くの井戸からバケツで水くみを繰返して風呂釜に満たし、白樺の皮を剥いで焚きつけにし、浜にあがった流木で火を焚きました。

ニシン釜のお風呂は浜辺の近くなので、海に浮かぶ利尻富士を眺めながら入浴しました。薄暗くなるとホタルが飛び交い、もっと暗くなると満天の美しい星空を見ながらの釜風呂は、日頃の疲れを癒やしてくれました。振り返ってみると、苛酷な自然条件の場所での生活でしたが、五右衛門風呂に入っている時は家族みんなが至福のひと時だったのです。

祖父が豊富町の病院に入院したことがありました。姉2人と私の3人で稚咲内から4里(約16キロ)の道のりを歩いて祖父のお見舞いに行きました。その帰り道、豊徳の村にある澱粉《でんぷん》工場に立ち寄り、工場の外に廃棄してある澱粉の2番粉や3番粉を持ち帰りました。1番粉は真っ白で製品にしますが、2番粉、3番粉は黒っぽい色で製品にならないため廃棄しているのです。

その粉を家に持ち帰り、母に澱粉団子を作ってもらいました。塩味だけの澱粉団子は温かいうちは軟らかいのですが、冷たくなると固くひび割れてまずいものでした。そんな澱粉団子を学校に弁当として持って行ったことも何度かあります。本当に貧しい暮らしでした。ニシンが取れなくなって我が家の生活はさらに困窮していきました。

当時の稚咲内の学校は複式学級で、1年生と2年生が同じ教室で先生も1人でした。我が家では、三男の兄が幼子だった私をおんぶして学校に連れて行ったそうで、入院していた晩年の兄を見舞いに行った際、私に背中でオシッコを漏らされてはクラスメートに笑われた、と話してくれました。病院からの帰宅途中、その話を思い出して涙があふれ、泣きながら車を運転したことを覚えています。

自ら刺しゅうした民族衣装を着る楢木貴美子さん（右）と母。母は小樽で山菜を採って売り、家族を養った（楢木貴美子提供）

学校でもうひとつ、忘れられないことがあります。稚咲内はエンチウばかりではなく、樺太から引き揚げて来た日本人も一緒でした。学校の帰り道、ほとんど毎日のように日本人の子ども達が私を待ち伏せしていました。石を投げられたり、雪の中に頭を押し付けられたりして、酷いいじめを受けました。エンチウは主に北地区に多く住んでいましたが、私の家は南地区だったので、酪農や農業をしている日本人が多く住んでいたのです。いじめられていることは親になかなか言えませんでしたが、悔しかったあの気持をいまだに忘れることはありません。

そんな稚咲内ですが、楽しかったことはお祭りです。神社には相撲の土俵があって男の人達がまわしをつけて相撲を取り、夜になると学校で映画会もありました。入場料がかかりましたが、私たちは辺りが薄暗くなってからこっそり親に内緒で学校に行き、校舎の窓の外から背伸びをしてのぞき、ちらちらと見える大画面に胸を踊らせたものでした。

稚咲内には、1875年の千島・樺太交換条約によって樺太から宗谷に、さらに翌年に宗谷から対雁《ついしかり》（現在の江別市）に強制移住させられたエンチウの子孫が住んでいて、しょっちゅう顔を会わせていました。子どもだった私には壮絶な歴史があったことを知るよしもなかったのですが、大人になってから分かった時にはとても感慨深く、切なくなりました。

小学4年生のときです。稚咲内の冬は雪がとても多く、たくさん降った朝は腰の辺りまで雪に沈みながら登校しました。学校に着いたらズボンはガチガチに凍っていて、教室の石炭ストーブにあたるとズボンからぼうぼうと湯気が上がってしまうほどでした。そんな冬のある日の午後、奥の部屋の布団の中で横になっていた祖父がゆっくりと起き上がって座り、「腹減ったなあ、腹減ったら、行くとこにも行けないなあ」と言ったのです。そばにいた幼い私は何ひとつ出来ず、泣くばかりでした。母は隣村のオトンルイ（現在は廃村）に出かけて留守でした。母が家に戻る前に、祖父は81歳の生涯を終えました。今なら好きな物をお腹いっぱい食べさせてあげられるのに、と思い出すたびに涙があふれてきます。私の子どもの頃の夢は「おなかいっぱい真っ白いご飯を食べたい」でした。

ニシンが獲れなくなって我が家の生活はさらに困窮していきました。小樽で商売をしていた一番上の姉が兄や姉たちを呼び寄せ、祖父が亡くなってしばらくして、私と母も小樽に引っ越しました。汽車賃は、ニシン釜を売ってつくりました。

いつか故郷の大地に

エンチウの祖母は49歳の時、樺太で亡くなりました。私の母の弟たちもみんな幼いころ、樺太で亡くなりました。私の姉の一人も樺太で亡くなりました。

２０１１年に、私とすぐ上の姉は調査団に参加して故郷であるサハリンを初めて訪問しました。母や兄姉たちが生まれ育った真岡郡タラントマリを母の遺影を抱いて訪問し、過疎化の進んでいるタラントマリの風景を母にも見てもらいました。樺太アイヌ協会会長の田澤守さんと姉と私は、草の生い茂った藪の中をかき分けながら、山の上にあると聞いたお墓を探しました。そこに眠る祖先の方々に手を合わせ、子孫の私たちはおかげさまで元気で暮らしていると報告することができました。

日本の各大学に研究目的で墓地から持ち去られたアイヌの遺骨が沢山ある事実を知った時は、本当に悲しい気持ちになりました。北海道アイヌだけでなくエンチウの遺骨も持ち去られました。エンチウの私としては、1日も早く生まれ育った懐かしい故郷の土に遺骨を戻してあげたいという気持ちでいっぱいです。大学や博物館、海外に持ち去られたアイヌの遺骨は、本来、そこに在るべきではないはずです。「人は亡くなったら土に返してあげる」。それが人の道だと信じています。

日本の最北端の宗谷岬に立つと、晴れた日には43キロほど彼方に、サハリン（樺太）の島影がかすかに見えます。千島・樺太交換条約によって宗谷に強制移住させられたエンチウたちは、遠くに見える樺太を見てどんなに帰りたかったことでしょうか。その願いも叶わずに翌年にはさらに無理矢理、船に乗せられ、内陸の対雁に連れて行かれました。その時のウタリ（同胞）の気持ちはいかばかりだったことでしょうか。

毎年6月の第3土曜日、対雁の江別市営墓地では強制移住によって亡くなったエンチウの慰霊祭を行っています。慰霊祭終了後は江別駅近くの眞願寺を会場に懇親会も開いています。

昨年、ポーランドと日本の国交百周年を記念して、北海道アイヌやエンチウの女性とポーランドの女性が札幌と東京でパフォーマンスを行いました。明治時代にポーランドの民族学者ブロニスワフ・ピウスツキとエンチウの女性チュフサンマが結婚したこともあり、ポーランドの方々はエンチウにとても好意を持ってくれます。私は札幌に来られたポーランドの女性たちを案内して、明治時代にエンチウが強制移住させられた対雁を訪れました。当時、エンチウが住んでいた場所は、石狩川の川底になっていて、残りの半分は河川敷になっています。ここで暮らしていたエンチウたちは、1879年から1887年にかけて広がったコレラや天然痘の感染禍に見舞われ、400人近い尊い命が犠牲になりました。駐露特命全権公使として千島・樺太交換条約に調印した榎本武揚は、この対雁に払い下げで得た土地10万坪を所有していましたが、そこにエンチウを強制的に連れて来て農業に従事させようとしたと思われます。

現在、河川敷近くの国道274号を渡ると、そこには榎本公園があり、高い台座の上に馬に乗って片手を前に指し示す榎本武揚の銅像が建っています。エンチウの私はこの地を訪れるたびに、支配する者と抑圧された者ではこんなにも違うのかと憤りを感じます。

エンチウの先祖たちの遺骨を元のコタンの土に戻してあげようとしても、国と国の問題があって簡単に実行できない大きな壁があります。それでも、二度とこういうことを繰り返さないために史実をしっかり見つめ、いつか先祖たちの遺骨を故郷の大地に戻し、安らかな眠りにつく日がくることをエンチウの私は願っています。

iii 先住民族として生きる

差間《さしま》　正樹《まさき》

浦幌アイヌ協会前会長。1950年、浦幌町厚内生まれ。漁業者。2009年より浦幌アイヌ協会会長を務め、現在は同名誉会長。先祖の遺骨返還に尽力し、サケ捕獲権の回復を目指す。

アイヌであることを隠さず

私は、母親が十勝太《とかちぶと》の出身、父親が白糠《しらぬか》の出身のアイヌです。アイヌということで、子どもの頃から、口に出せないほどの苦しみを受けてきました。それがいつしかトラウマになって、今でも、胸が苦しくなることがよくあります。

私は自分をひとりの浦幌町民であり、北海道民であり、日本国民であると思って暮らしていました。しかし、成長するにつれて、まわりが私を見る目が何か違うのです。自分がまわりよりどこか劣っているからだと思い、自信喪失、自己嫌悪にもなりました。でも、いろいろ考えて、まわりの目は「民族差別」によるものではないかと考えるようになったのです。そのことに思いが至って、

北海道大学のアイヌ納骨堂で、地元の墓地から発掘・収集された先祖の遺骨に向き合う差間正樹さん。木箱に納められていた＝2015年8月、札幌市で（平田剛士撮影）

北海道ウタリ協会浦幌支部（現在は浦幌アイヌ協会）に入りました。それでも、なかなかアイヌとしての活動ができず、ずいぶん苦しみました。しかし、自分がアイヌであることを隠して生活すると、相手は嵩《かさ》にかかり、自分に向かってくることに思い至ったのです。

「そうですよ。私はアイヌですよ」と答えると、相手の態度も大きく変わってきました。小馬鹿にしたような態度から、少しまともに相手してくれるようになるのです。

北海道大学医学部が道内各地のアイヌ墓地を掘り起こして集めたアイヌ遺骨が、北大の納骨堂と称する建物に保管されていました。1000体を超える骨です。北大が毎年行っていたイチャルパ（先祖を慰霊する儀式）に私も参加したのですが、そのとき、遺骨はプラスチックの箱に入れられていました。私はウタリ協会の全道総会で、「工具箱ではあるまいし、プラスチックの箱に入れられて尊厳も何もあったものではない」と発言しました。

すると、その翌年には遺骨すべてが白木の木箱に入れなおしてありました。不思議な気持ちになりました。プラスチックが悪いというなら白木の箱に収めておけばいい、と北大は思うのか。掘り出された地域に出かけ、どこから採掘したのか人骨の関係者を調べようと思わないのか——。

一体、私たちは地域にとって、本当に住民として認識されているのか。研究者たちは私たちのことを被害者として認識しているのか。たんなる研究対象として見ているのではないのか。2013年、北大総長が納骨堂のイチャルパに参加しましたが、謝罪の言葉は一言もありませんでした。私の期待は裏切られました。このとき、北大はもしかすると、私たちの先祖の骨を暴いて骨を持ち去ったことを犯罪と思っていないのではないか、と感じました。

先祖に静かな眠りを

2012年、尊敬する小川隆吉エカシと城野口ユリフチが、北大を相手の裁判を起こしました。2人が生まれ育った浦河町の杵臼アイヌ墓地から持ち出された遺骨の返還を求める裁判です。調べてみると、私が暮らす浦幌町でも、愛牛地域から63体、十勝太地域から1体が発掘されていたことがわかりました。愛牛も十勝太も十勝川流域のかつてコタンがあった場所です。そのアイヌ墓地から、今から80年余り前、北大医学部の児玉作左衛門教授らが遺骨を掘り起こして持ち去ったのです。

当時の研究は、頭蓋骨の形状から民族的な優劣が決まるなど、まったく根拠がないものでした。児玉氏の本を読んでみると、「(アイヌには) 死んだ人の頭蓋骨に孔《あな》を開ける風習がある人たちがいる」と書いてありました。「何を馬鹿なことを」と血圧が上がりました。しかも、研究のための発掘といいながら、フィールドノート (野帳) は所在不明とされ、発掘経緯は不明のままです。浦幌から持ち出した遺骨は浦幌に返してほしい。私たちは、地元で先祖の骨を慰霊したい。2014年5月、私たち浦幌アイヌ協会は64体の遺骨返還を求めて裁判を起こしました。小川隆吉エカシたちの裁判に続いたのです。

北大は当初、「祭祀承継者でなければ返還できない」と言いました。しかし、遺骨の相続とか祭祀承継者とかいう民法の言葉は、私たちの文化ではありません。アイヌは、墓地に埋葬した後はそっとしておくのです。北大はそれを「無縁墓地」だとして、自らの墓暴きを正当化しています。それは、私たちの文化への冒涜《ぼうとく》だと思います。

私たちは、先祖の骨は土の中に静かに眠っていただきたいのです。そのことによって、先祖は、神様の世界とわれわれの世界を行ったり来たりする。その静かな眠りを妨げるようなことをしてはならない。これが私たちの言い伝えなのです。

再埋葬のカムイノミを締めくくる差間正樹さん＝2017年8月、北海道浦幌町で
（小田博志撮影）

２０１６年、小川エカシたちと北大は和解し、杵臼の遺骨12体が納骨堂から杵臼墓地に帰還しました。その翌年３月、私たち浦幌アイヌ協会と北大の和解も成立しました。浦幌に82体の遺骨と副葬品69件が戻ってくることになりました。北大納骨堂の棚に、長きにわたり放って置かれた先祖の遺骨が、やっと私たちの土地に戻ってくる。私たちの土地に再埋葬し、安らかに眠っていただく道が開けたのです。

私たちは、戻ってきた先祖の骨を火葬しないでそのまま、故郷の土に再埋葬しました。アイヌの歴史の中で、「再」埋葬という文化はありません。私たちは再埋葬や先祖を慰霊する儀式のやりかたを多くの同胞の協力を得ながら、手探りで、心を込めて行いました。

浦幌アイヌ協会の会員は、私も若いアイヌたちも漁師です。沖に出て漁をする、その合間を縫って、寝不足になりながら儀式を準備しました。初めてのことばかりです。手作りの織機でハナゴザを編み、ヤナギの枝を削ってイナウを削りました。こうして、先祖の魂を迎えるカムイノミやイチャルパを行ったのです。

私たちはこれまでに、北大から2017年に82体、翌2018年に13体の合計95体の返還を受けたほか、2019年には札幌医科大学から1体の返還を受けて再埋葬しました。札医大の遺骨も、私たちが裁判を起こし、和解によってやっと戻ってきました。しかし、北大からも札医大からも直接の謝罪の言葉はありませんでした。

続いて2019年、6体の遺骨返還を求めて東京大学を提訴しました。これらの遺骨は、小金井良精《よしきよ》教授が1888年に愛牛で掘り出した5体の遺骨と、渡辺仁教授が1965年に十勝太で掘り出した1体の遺骨です。渡辺仁教授は、遺骨のほか太刀などの副葬品も発掘しています。私たちは一日も早く、6体の先祖の遺骨と副葬品が故郷である浦幌に戻ることを願っています。

2019年には、浦幌町立博物館から1体の遺骨返還を受けました。これは、十勝太若月遺跡から出土したアイヌ遺骨で、埋蔵文化財です。博物館所蔵の埋蔵文化財遺骨の地域返還は、日本では初めてのケースだといいます。しかも、博物館が自ら進んで返還したのです。北大や東大などの姿勢とは大違いです。

先住民族としての第一歩

２０１６年、小川エカシらが遺骨返還を勝ち取った時、『アイヌ民族の歴史』（草風館）の著者である榎森進・東北学院大学名誉教授は、「これまでのアイヌ政策は同化政策と福祉政策であり、先住民族の権利を保障する正しい民族政策ではなかった」「アイヌ民族が自らの要求を権力側に主体的に要求して、その要求を勝ち取ったというのは、今回が初めてだろうと思います」と評価しました。

また、遺骨返還訴訟の市川守弘・弁護団長は、「今回、コタンという集団の子孫が、コタンで亡くなった人たちをみんなで弔って慰霊して遺骨を管理していこうという動きが出てきた。これはまさに、遺骨管理という集団の権利を行使するコタンの再生、復活なのです。つまり、アイヌの人たちがコタンを再生することにより、先住民族としての権利を勝ち取ったということです」と言いました。

どちらも胸に響く言葉でした。私たちとしても、自身が先住民族であることを日本政府に示し、アイヌコタンを再生していく、その一歩になればという思いで闘ってきたからです。

政府は２０１９年末、全国の大学や博物館にあった遺骨の多くを白老に新しく建設した「民族共生象徴空間（ウポポイ）」の慰霊施設に移しました。「よかったですね」という人もいます。しかし、それは違います。北大の棚からウポポイの棚へ移っただけだからです。そもそも遺骨の多くは盗掘されたものなのに、ウポポイに移されると収集した学者の責任があいまいにされてしまう。しかも、私たちの先祖がまたもDNA研究の資料に供されてしまうのではないかと恐れています。

私たちの遺骨返還の闘いがさらに全道に広がり、各地のアイヌの人が自分たちの地域で先祖の慰霊ができるようになることを願っています。

アメリカにサケ漁を生業《なりわい》とするアメリカインディアンがいると聞き、2017年、西海岸のオリンピック半島にある二つのトライブ（tribe）を訪ねました。マカ・トライブとローワーエルワクラム・トライブです。彼らはサーモンピープルと呼ばれ、20のトライブで連合体を作り、資源管理もしています。

マカ・トライブの港ではサケやオヒョウが水揚げされ、活気があって人々の暮らしはとても豊かに見えました。港では、資源管理のために水揚げしたサケやオヒョウ1匹1匹の重さを計っていました。伝統儀式のためだけにサケを獲るのではなく、船をもち、漁師として暮らしているのです。自分の船を持つ漁師のブライアンさんの自宅は、庭も家も広く、茹でたてのカニやサケのオイル漬けを明るいダイニングでご馳走になりました。

ローワーエルワクラムの人々は、エルワ川の二つのダムを撤去させるという、アメリカでも先進的運動を成し遂げたトライブです。壊されたダムサイトを流れる川や、小鳥や植物が豊かになりつつある河口を案内し、運動の経緯などを説明するラッセルさんたちの言葉は、誇りに満ちているように思われました。

生態系を取り戻しつつあるエルワ川は、トライブの研究者たちによって科学的に河川管理がされています。エルワ川はサケやマスが自然産卵する豊かな川になることでしょう。翻って私たちアイヌはと思うと、胸が痛くなりました。

サケ漁の権利を求めて

私たちの地元には、先祖がサケを獲っていた浦幌十勝川（以前の十勝川）があります。今は川でのサケ漁は禁止され、遡上したサケは、ほとんどが上流で孵化事業のために捕獲されます。今、上ってきているのはほぼ人口産卵によるサケなのです。

サケの自然産卵を取り戻したい。私たちも川でサケ漁をしたい。その思いがさらに強まったのは、北大から返還された先祖の副葬品のひとつに、アバリという網をつくろう道具を見つけたときです。私たちの先祖も十勝川で網を使った漁をしていたことの証です。先祖のアバリを見て、言葉に出せないほど胸が熱くなりました。

アメリカインディアンの人々も、50年、60年前はサケを捕獲しては逮捕される日々だったと言います。そのどん底の状態から闘って、１９７４年のボルド判決を勝ち取ったのです。リザベーションの外であっても、先住民族が慣習的場所で捕れるサケの全漁獲高の50％を捕る権利を認めた画期的な判決です。アメリカインディアンの人々は、闘いにより、先住民族としての権限を爆発的に拡大させてきたのです。そして、それは世界の先住民の潮流だと言います。

私たちもアイヌとして生きる権利があります。アイヌとして先祖が暮らしていたコタンのあった地域で先祖と対話しながら生きていく権利、大地の豊かな恵みをいただきながら生きていく権利です。私たちにとってはまだまだ苦難の道は続くかもしれませんが、将来、私たちの子孫がアイヌであることを誇りに思って豊かな自然と共に生きていけるよう、今、先住民族としてのさらなる一歩を踏みだしたいと考えています。

このことは、日本国民のみなさんの理解がなければできないことだと思います。国連に認められたわれわれ先住民族の権利を、何としてもこの日本の中で実現したいと思っています。

第2章　アイヌ先住権の本質

市川　守弘

国連宣言を指針として

国際連合は２００７年、「先住民族の権利に関する国際連合宣言」（宣言）を採択し、日本政府はこの宣言に賛成しました。宣言では先住民族の権利について、自決権をはじめ土地や自然資源に関する権利などについて規定しています。宣言に賛成した各国は、規定されているこれらの先住民族の権利について、各国内においてその権利の実現に向けて法制度を整えていく国際的義務を負うことになりました。

また、宣言では、権利の主体ごとに、先住民族の人たちの集団（Indigenous Peoples）が持つ権利と先住民族に属する個人（Indigenous individuals）が持つ権利との二種類の権利を規定しています。そして先住権はこのうちの先住民族の集団の権利として明記されています（宣言26条以下）。

ですから、日本政府はアイヌの先住権をはじめとした集団の権利とアイヌ個人の権利をそれぞれ明記するはじめての法律を制定することが期待されていました。

しかし、2019年に制定された「アイヌの人々の誇りが尊重される社会を実現するための施策の推進に関する法律」（「アイヌ新法」）には、アイヌの権利、特に先住権についてはまったく触れられていませんでした。「アイヌ新法」では4条で「何人も、アイヌの人々に対して、アイヌであることを理由として、差別することその他の権利利益を侵害する行為をしてはならない」と規定されているのですが、そこで「侵害してはならない」とされるアイヌの権利や利益について、「アイヌ新法」では全く規定されていないのです。本来であれば、日本政府は「アイヌ新法」を制定するにあたって、宣言を指針としてアイヌの権利を明確にする法律を作らなければなりませんでしたが、宣言とは全く無関係の法律を作ったのです。

「アイヌ新法」は単に、国などの行政が行うアイヌ施策、アイヌ対策について、それを「推進」するために制定されたものでした。つまり、宣言の採択に賛成した日本政府は、宣言の採択に賛成しながらアイヌの権利を実現するための法律を制定しないで、アイヌの権利を無視したまま、行政対策として何をするかを決めただけの法律を作ったのです。

この法律は、衆参両議院においてそれぞれ圧倒的多数の賛成を得て成立しました。したがって、国会自体もアイヌの権利に触れない「アイヌ新法」を是としたものなのです。また、マスコミの論調も基本的に「アイヌ新法」を歓迎するものでした。特に、アイヌをはじめて先住民族と認めた画期的な法律とみなして喧伝されました。

本稿は、このような「アイヌ新法」を取り巻く状況の中で、「アイヌ新法」の問題点を指摘したうえで、「アイヌ新法」において無視された宣言に基づくアイヌの権利とは何か、その中でもアイヌの先住権について検討をするものです。なぜなら、アイヌ社会と和人社会との真の平等のためには、和人にはないアイヌの権利、特にアイヌ先住権を回復する必要があると考えるからです。アイヌが自らの権利を回復してこそ、本当の意味での「アイヌの人々の誇りが尊重される社会を実現」することができると思っているからなのです。

行政施策のための「アイヌ新法」

はじめに、「アイヌ新法」の内容について触れることにします。

「アイヌ新法」は、前記のとおりアイヌの権利やその保障を規定した法律ではありません。その名の通り、あくまで「施策の推進に関する法律」でしかなく、あくまでアイヌ政策としての行政施策や制度を定めた法律にすぎません。この「アイヌ新法」で推進するとされるアイヌ施策とは、①アイヌ文化の振興、②アイヌの伝統等に関する知識の普及・啓発、③そのための環境整備策、とされています（2条）。①と②は、1997年に制定されたアイヌ文化振興法の内容と同じであり、今回の「アイヌ新法」は、それまでのアイヌ文化振興法に③を追加したものとなっています。この環境整備策として「アイヌ新法」が定める制度は、国からの交付金制度と「民族共生象徴空間（ウポポイ）」施設（「象徴空間」）の管理体制の二つからなっています（「アイヌ新法」の成立とともにアイヌ文化振興法は廃止された）。

a　交付金制度

交付金制度は、国が特定の事業主体に対して国費を支出する制度で、公共事業などにおいて従来から行われている制度です。国からの交付金は、市町村が作成する「アイヌ政策推進地域計画」（アイヌ地域計画）の事業に対して交付されます。このアイヌ地域計画は次の手順によって作られます。まず、国がアイヌ政策に関する基本方針を定めます。都道府県はこの国の基本方針に基づいて各都道府県内のアイヌ施策について方針（都道府県方針）を定めることができます。そして、市町村は国の基本方針に基づき、また都道府県方針を勘案してアイヌ地域計画を作成し、内閣総理大臣の認定を受けなければなりません。この内閣総理大臣が認定したアイヌ地域計画に対して、国から交付金が交付されるのです。このアイヌ地域計画の事業主体はあくまで市町村なので、この交付金は市町村に対して交付されることになります。

b　象徴空間

「象徴空間」とは、国土交通省が北海道白老町に建設した施設で、博物館やリクレーション施設などを総合した一種のアイヌテーマパークです。「象徴空間」は、アイヌの伝統などに関する和人への知識の普及・啓発を行うために、アイヌの伝統文化について展示、体験を行う施設とされています。広大な敷地の中に博物館、公園、慰霊施設が設けられます。この施設が国費によって建設されて管理されることになります。

では、「アイヌ新法」の狙いはどこにあるのでしょうか。①のアイヌ文化の振興とは、アイヌ語や刺しゅうなどの伝統文化を振興しようとするものです。②のアイヌの伝統等に関する知識の普及・啓発とは、和人がアイヌ伝統文化を理解するために、アイヌ文化についての知識を普及・啓発することを意味します。「アイヌ新法」の基本理念として「国民の理解を深めることを旨として、行わなければならない」と定めているのもその意味で、①より②に重点があるということなのです。つまり、「アイヌ新法」はアイヌの伝統文化についての知識を多くの和人に普及し、和人の理解を深める施策を推進することを目的としている、ということです。この結果、交付金が交付される事業は多くの和人に来てもらえるような観光を中心とした「地域起こし」であり、「象徴空間」も和人の観光のための施設となっているのです。

遺骨をめぐる新法の問題点

次に、「アイヌ新法」にはどのような問題が潜んでいるのかを考えてみます。

a　政教分離原則と観光事業

アイヌの生活の中には様々な神が存在し（鍋もカムイ＝神と言われる）、アイヌの衣装、刺しゅうなどの文化的所産のすべては宗教的意味を持っていると言われています。交付金が交付されるアイヌ地域計画で定める事業は、このような宗教的意味を持つ文化の振興のために公金を支出する事業となるはずです。また「象徴空間」も宗教的意味を持つ文化の普及のための国の施設ということになります。しかも「象徴空間」には慰霊施設が建設され、全国12の大学などが保管していた約1600体のアイヌ遺骨を集約したうえ、「アイヌによる尊厳ある慰霊」を行う（内閣官房アイヌ総合政策室アイヌ政策推進会議「民族共生の象徴となる空間」報告書）とされています。

このような宗教的意味を持つアイヌ文化の振興、普及・啓発事業を国の交付金の対象事業としたり、国立の施設において慰霊行事をしたりすることは、憲法20条3項の政教分離原則に違反する恐れが強いのです。では、「アイヌ新法」はなぜ憲法20条3項に違反するという声が上がらないのでしょうか。

それは、「アイヌ新法」による国の施策では、この憲法上の疑義を回避するために、交付金の対象事業や慰霊施設での慰霊行事から宗教色を一掃することを前提とするからなのです。この結果、アイヌ文化の振興としてのアイヌ語教室や刺しゅう教室などは単なるカルチャー教室となり、アイヌ文化の普及・啓発も、宗教色のない伝統文化を見せるだけの観光事業となるのです。交付金事業も「象徴空間」も、「アイヌ文化を目玉」とする一大観光事業ということです。

b　アイヌ遺骨集約と家制度

「象徴空間」に設置される慰霊施設の問題については、政教分離問題以外にも重大な問題があります。「象徴空間」に集約されるアイヌ遺骨がアイヌに返還されず、研究資料にされる可能性があるのです。まず、このアイヌ遺骨について説明しておきます。

アイヌ遺骨は、1888年から1970年代にかけて、和人研究者によってアイヌ墓地から掘り出され、持ち去られました。最初は1888年から89年にかけて、東京帝国大学（現東京大学）の小金井良精が頭骨計測学の資料として約200体の遺骨を発掘して持ち去り、その後、北海道帝国大学（現北海道大学）の児玉作左衛門が樺太、千島、北海道各地で約1000体を超えるアイヌ遺骨を持ち去りました。児玉の研究は形質人類学という研究分野で、優生学的思想に基づいて「アイヌは劣り、和人は優秀」という成果を求めていた、と指摘されています（植木哲也『学問の暴力』春風社、2007）。この2人以外にも多くの研究者がアイヌ遺骨を墓地から持ち去っていきました。

「象徴空間」の慰霊施設にアイヌ遺骨を運び込むトラック。北海道大学など全国から遺骨が集約された＝2019年11月、北海道白老町で（平田剛士撮影）

これらの遺骨は全国の12大学や博物館などに保管されたままになっていたのです。これらのアイヌ遺骨（２０１７年段階で１６７６体）の多くは２０１９年暮れ、「象徴空間」内に建設された慰霊施設に集約されました。

なぜ発掘した場所のアイヌに返還されず、「象徴空間」に集約されたのでしょうか。

政府のアイヌ遺骨返還方針では、これらのアイヌ遺骨はまず祭祀承継者（相続人中の遺骨管理者）に返還し、祭祀承継者が見つからない場合は「象徴空間」に集約する（内閣官房アイヌ総合政策室・アイヌ政策推進作業部会＝常本輝樹部会長）とされました。ただ、遺骨の氏名が判明しているのは38体（2％）にすぎず、したがって、その祭祀承継者（相続人）を調査できる遺骨もこの範囲でしかありません。

この結果、相続人を調査できない98％の遺骨は、遺骨の所有者が不明ということで「象徴空間」に集約されることになったのです。祭祀承継者という考え方は、「家の継承者」が一族の先祖を祀るという考え方です。墓石に刻まれる「〇〇家先祖代々」のように、家の先祖はその家を引き継ぐ者が代々お守りする、という家制度に基づく和人独特の考えからきています。しかし、アイヌの習慣では「〇〇家」という家制度の概念はありません。墓地に埋葬した死者は、埋葬した集団（コタン）が集落内で慰霊（イチャルパ）を行い、墓地や遺骨を管理するというものでした。政府の言うもっともらしい「祭祀承継者への返還」は、和人の思想を遺骨の返還にかこつけてアイヌに強制するものでしかないのです。

「地域返還」方針のごまかし

最近になって、政府は地域から遺骨の返還の申し出があれば、国が返還請求者の適格性を判断して引き渡す、と言い出しています（大学の保管するアイヌ遺骨等の出土地域への返還手続きに関するガイドライン＝2018年12月）。しかし、国が遺骨返還請求者の適格性を判断するという考え方に大きな問題が含まれています。そもそも集団内で死去したアイヌの遺骨はその集団が管理し、慰霊していたものなのですから、その集団の子孫に返還すればよいはずです。国が返還先の「適格性を判断」することは、この当たり前の事実を無視して、国が遺骨の返還先をふるいにかけようとするものです。このことは、遺骨を集団の子孫に返還するという原則を国の判断で左右できることになります。

慰霊施設への集約のもうひとつの問題点は、集めたアイヌ遺骨を今後も研究資料にできるとする点です。国の報告書は、「象徴空間」に集約したアイヌ遺骨は、「アイヌの同意」を得て、将来の研究に資する（提供する）としており、現在、日本人類学会、北海道アイヌ協会などが中心となって研究のためのガイドラインを策定中です。最近のアイヌ遺骨研究の目的はかつての形質人類学ではなく、遺骨のＤＮＡ解析を行い、人類移動の経路、あるいはアイヌと和人やアジアの人々との関係性を明らかにすることにシフトしています。ここでの「アイヌの同意」とは、遺骨を管理していた集団やその子孫の同意ではありません。後記するように、国はこのようなアイヌ集団の存在を否定しているからです。「アイヌの同意」とはだれの同意なのかは曖昧なままになっています。遺骨を管理していた集団の存在を否定し、権利者の承諾を得ることなく、勝手に持ち去った遺骨を研究資料とするのは、研究の正当性を失うとともに、その研究者の社会的責任が厳しく問われることになるでしょう。また、北海道アイヌ協会が人類学会と一緒になってこの研究を是認している点も見過ごすことはできません。

歴史が示す先住権の範囲

「アイヌ新法」の問題点は以上の通りです。次に、「アイヌ新法」で無視されているアイヌの権利について考えてみましょう。

「アイヌ新法」に関しては、アイヌの権利、とりわけアイヌ先住権についてまったく規定されていないという基本的かつ根本的な批判が多くなされています。ただ残念なのは、従来からアイヌの先住権についてきちんと研究されておらず、そもそも先住権とは何か、アイヌの場合の先住権とは具体的にどのような権利か、などについてあまり議論されてこなかったことです。そこで、ここでは先住権とは何か、アイヌの場合にどのような権利が先住権として存在しているのか、について検討することにします。

a　先住権と自決権

先住権とは、18世紀以降に世界の列強国によって支配されてきた先住民族において、先住民族の中の個々の集団が、列強国家による支配以前から歴史的、慣行的に有していた土地や自然資源などに対する排他的・独占的な使用権・利用権・管理権などの総称です。つまり、先住民族とされる中のさらに小さな個々の集団の権利であり、その権利は歴史的に確立され、慣行として行われていたもので、排他的・独占的に土地や自然資源などを使用・利用し、管理してきた権利ということです。例えばサケの捕獲権であり、樹木の伐採権であり、様々な土地の利用権など「いろいろな権利を束ねた」ものを先住権と称しています。先住権は何か具体的な権利というよりも、これらの諸権利を束ねた権限（title）のことを指すととらえることができます。

はじめに紹介した「先住民族の権利に関する国際連合宣言」では、先住民族の権利について、集団（indigenous peoples）としての権利と個人（indigenous individuals）としての権利とを明確に区別して規定しています。このうちの集団としての権利のひとつが、いわゆる先住権として問題となる権利です。宣言は集団の権利として、遺骨返還の権利、自然資源（土地や水産物、陸産物などの資源）を利用する権利、自決権などを規定しています。先住権は、このうちの排他的・独占的に土地や自然資源などを使用・利用し、管理してきた権利のことなのです（宣言26条）。同じく集団の権利としての自決権（宣言3条）は、先住権というよりも、その集団の主権、つまり集団として自律し、統治し、強制的に同化させられず、独自の文化や宗教を維持できる集団としての権限そのものを指しています（宣言4条以下）。このように、宣言は集団の権利として先住権や自決権を規定しているのです。遺骨管理権は埋葬された土地への権利として先住権のひとつと考えられますが、集団としての宗教的な伝統を実践する権利ととらえれば、自決権のひとつと捉えることもできるでしょう。

b　集団の歴史と権利

宣言のいう集団（indigenous peoples）がどのような集団を指すのか、が問題になりますが、それは各国それぞれの先住民族の歴史に従って判断しなければなりません。その歴史の中で、先住民族の中のどのような集団が自決権を有していたか、どのような集団がどの範囲で慣行的に自然資源などを使用・利用し、慣習上の権利として取得していたかを検討しなければならないのです。

したがって、アイヌが先住民族と認められたからといって、そのことから直ちに、その先住民族全体に何か具体的な権利が認められるわけではないのです。日本では、今まで「アイヌ民族」という表現が使われ、「アイヌ民族」は先住民族か、などという議論がなされていました。しかし、「アイヌ新法」で「はじめてアイヌ民族が先住民族として認められた」からといって、先住民族としての「アイヌ民族」全体に何らかの権利が認められるはずだ、とは言えないのです。宣言が規定する集団の権利は、先住民族とされる中のさらに小さな歴史的に形成された集団を権利主体とするからです。例えば遺骨返還の権利（12条）をアイヌの場合で考えてみると、Aというコタン（集団）の構成員が死亡し、そのコタンに埋葬され、慰霊されていた場合に、Aというコタンが遺骨の返還請求権を有します。全く別のBというコタンには、アイヌだからと言ってその遺骨の返還を請求する権利はないのです。

c　先住権が認められる根拠

このような土地や自然資源などへの諸権利の束としての先住権が認められる根拠は何でしょうか。それは一言でいえば、主体となる集団の「主権」なのです。アメリカではトライブ（tribe）という集団が、19世紀初頭の連邦最高裁判所の諸判決で主権団体と認められました。これらの判決では、①ヨーロッパ人が大陸を発見するまでは、大陸には数千のトライブがそれぞれ主権団体として一定の土地を支配し、自然資源を利用し、自由に交易を行い、互いに戦争もしていた、②ところがヨーロッパ人の大陸発見によって、これらトライブは交易の相手方が発見国に限定され（発見の原理）、この限度で各トライブの対外的主権が制約されるものの、対内的主権は従来通り維持されている、とされました。

対外的主権、対内的主権という言葉は日本ではなじみがないのですが、要するにsovereignty（主権）は保持されたと認定されています。つまり、各トライブは、その主権の行使として支配領域内で自ら土地や自然資源などを排他的・独占的に利用することができるとともに、自ら自決する権利を有するとされているのです。したがってアメリカでは、このような各トライブの支配する土地や自然資源を連邦政府が取得するためには、トライブとの間で条約を締結し、これらを買い取る必要があるのです。アメリカでは、先住権とは各トライブが本来的に保持していた土地や自然資源への権利を指し、トライブはこれらの権利を条約によって連邦政府にどの程度売り渡したかが、その後の百年以上に及ぶ裁判の流れとなりました。

宣言が定める先住権も、この集団の主権が根拠となっています。ゆえに、この主権団体という点から政治的な自決権も集団の権利として当然に認められているのです。

アイヌの場合も、先住権を考える際には、この先住権の根拠となる主権がどのような集団に、どのような内容として存在していたのかをその歴史の中から見出す必要があります。このアイヌの歴史の中にこそアイヌの先住権の根拠が存在し、その歴史を解き明かすことによって先住権の範囲が明確になるのです。

アイヌ先住権の主体はコタン

アイヌの場合、先住権の主体となる集団は、明治になるまで各地に存在していたコタンという集団でした。この集団は、数戸～数十戸程度からなり、その支配領域（イオル）において独占的・排他的な狩猟・漁猟権を有し、他のコタンのアイヌがこの権限を犯した場合には、時にコタン間の戦争になったといわれています。また、各コタンでは慣習法に基づく民事法、刑事法が存在し、訴訟も行われていました（拙著『アイヌの法的地位と国の不正義』寿郎社、２０１９）。これらの点については多くの論文や北海道庁の文献に記述されており、コタンという集団が主権を有する団体であったことは疑う余地はありません。実際に、ジョン・バチェラーは、コタンを村社会と称し、「ひとつひとつの村社会は小さな独立国家に似た集団を形成する」と記述しているのです（小松哲郎訳『アイヌの暮らしと伝承』北海道出版企画センター、1999）。江戸時代、蝦夷地は「化外の地」（異域＝外国）とし、「蝦夷のことは蝦夷任せ」としていたのですから、幕藩制度下ではアイヌの各集団の主権を認めて、各集団の自由に任せていたことになります（榎森進『アイヌ民族の歴史』草風館、2007）。なお、コタンという集団は常に固定した存在ではなく、アイヌの歴史の中で離合集散を繰り返す流動的な存在でしたが、基本的には文化的、血族的、政治的にある程度のまとまりをもった集団であったようです（海保嶺夫『日本北方史の論理』雄山閣、1974など）。

ところで、現在の日本政府のアイヌに対する基本姿勢は、日本にはいまや先住権や自決権を有するようなアイヌの集団は存在しない、というものです。アイヌを先住民族と認めたからといっても、先住権や自決権を有するアイヌの集団そのものの存在を否定するのです。このような集団が存在しない以上、先住権などを「アイヌ新法」に規定する意味はない、とするのが日本政府です。したがって、「アイヌ新法」に先住権を規定していないのは政府側からすると当然のことなのです。そこで、この政府側の見解と対決するために重要なことは、日本において先住権を認められるような集団が存在するのかどうかを明らかにすることなのです。

明治以降のアイヌの歴史を見ると、日本政府自身が、先住権や自決権の主体たる集団を否定し、抹殺してきました。土地を国有地として和人に払い下げていくとともに、独占的、排他的に支配していた自然資源もアイヌ集団から奪いました。また、自決権の重要な内容であるアイヌの法規範を否定し、コタン内での裁判も「私的リンチ」として禁止しました。このように、主権団体としての存在を否定してコタンという集団を解体し、集団が支配していた土地や自然資源を奪ったのは日本政府なのです（榎森進、同書など）。

このような日本政府に、「日本にはもはや先住権の主体たる集団は存在しない」と言う資格も権利もなく、自ら壊したものは自ら復元する義務があるに過ぎません。例えば、宣言は先住権について、コタンのような集団が土地や自然資源への権利を有すると明記（26条1項）し、国はそれを承認し保護を与えなければならない（同3項）と規定しています。いま日本政府に求められるのは、アイヌの集団の存在を認め、この集団に先住権を認めて保護することなのです。

宣言では、自然資源に関する権利は集団の権利としてしか規定していません（26条など）。しかし、このことは、例えば個人が自然資源であるサケを捕獲する権利を有することを否定するものではありません。「市民的・政治的権利に関する国際規約」（ＩＣＣＰＲ）は27条で、「当該少数民族に属する者は」「自己の文化を享有する」権利を有するとされ、また日本国憲法13条は、アイヌ個人に対し人権として幸福追求権を規定し、幸福追求権のひとつとして自己の文化を享有する権利が保障されています。したがって、アイヌ個人がその伝統文化にしたがってサケを捕獲し、儀式（アシリチェップノミ）などを行う権利は、アイヌが培ってきた自己の文化を享有するものとして、文化享有権あるいは人権として保障されています。

集団の権利と個人の権利

では、前記した先住権としての集団の権利と、文化享有権（人権）としての個人の権利の違いは何でしょうか。サケ捕獲権を例に考えてみましょう。

主権を根拠とするアイヌの集団としての権利は、集団の経済活動として保障されるものでなければなりません。その集団の自由な経済活動、つまり経済的自律が保障されるものでなければ、集団の政治的自律（自決権）は保障されないからです。そして、この経済的自律を保障する権利のひとつが先住権としてのサケ捕獲権なのです。この権利は現代においてアイヌの集団の経済的自律を保障する権利ですから、使用する網は江戸時代に使われた素材の網である必要はなく、ナイロン製でもよいのです。また丸木舟ではなく船外機付きの漁船で漁をしてもよいのです。このように考えれば、先住権は列強国に支配された時点での慣習上成立していた権利であるとともに、先住民族に属する各集団は、その時点の先住権の内容をその後において発展させる権利をも有していることになります（宣言3条）。列強国によって支配された結果、先住権の権利内容を発展させる権利を奪われていたのですから、現代において先住権を復権させた場合に、現在の科学技術に見合った権利行使が認められるのは当然と言えるでしょう。ここでは、まず先住権として、かつてどのような権利が存在したか、次にこの権利はその後の歴史の発展によって現在ではどのような権利内容として認められるのか、を分けて検討しなければなりません。かつて「丸木舟」を使った「刺し網漁」としてのサケ漁が慣行的に行われていたことが認められれば、このサケ捕獲権は先住権として認められます。次に、現在においては技術革新の結果、「丸木舟」はエンジン付きの漁船を使用することができ、ナイロン製の網も使用できる、ということになるのです。

アメリカの判例では、このような技術革新による新しいサケ漁がトライブのサケ捕獲権として認められています。同じように、昔は存在しなかった人工ふ化によって回帰してきたサケを捕獲できるかについても、サケ漁の際に人工ふ化によるサケか、自然産卵によるサケかは区別できない以上、トライブは人工ふ化によって回帰してきたサケも捕獲できる、とされています。

このような集団のサケ捕獲権と個人の文化享有権（人権）としてのサケ捕獲権を比較すると、文化享有権（人権）としてのサケ捕獲権は漁の仕方や調理方法などの文化の伝承のための権利であり、そのような伝統文化の保存や享有のための権利なのです。これに対して集団としてのサケ捕獲権は、集団の経済的自律のために経済活動の一環として認められる権利なのです。大量にサケを捕獲して加工して販売する事業を営むことは文化享有権とは言えませんが、先住権としては認められるのです。

アイヌの集団が経済活動としてのサケ捕獲権を有するということは、さらにサケ資源保全の重要な当事者（担い手）であることをも意味しています。アイヌの集団が継続的にサケ漁を行い、持続的経済活動を行うためには、サケ資源の保全が不可欠だからです。したがって、例えばサケの自然産卵を回復させるために河川改修事業や人工ふ化事業に対して意見を述べる正当な権利も先住権の内容として認められなければなりません。生物多様性条約では、先住民族の集団が、自然資源を保全する当事者として認められています（「エコシステムアプローチ」第5回締約国会議文書）。アメリカのワシントン州では、サケ（シヌークサーモン）の自然産卵の回復をひとつの大きな理由としてエルワダムが撤去されましたが、その際、エルワ川下流部のローワーエルワクララムというトライブがダム撤去に大きな役割を果たしたのもその一例です。

以上のように、集団の権利としてのサケ捕獲権は、単に伝統的な文化の伝承や自分が属する民族の文化を享有するために認められる権利ではなく、経済的自律のための経済活動として認められるものであり、その権利はさらに河川管理の権限につながるものなのです。

どのようなサケ漁か

アイヌの場合のサケ捕獲権について、どのような漁が慣行的に存在していたのかという権利の内容について、さらに詳しく考えてみましょう。

サケ捕獲権は、アイヌが食糧の糧として、また経済活動としての交易品としてサケを捕獲する権利のことです。江戸時代の交易品としては、サケ以外では鹿、熊、キツネ、カワウソなどの毛皮や昆布、干鱈、煎海鼠《いりなまこ》など様々な陸産・海産物がありますが、広く知れ渡っている交易品であるサケの捕獲権に注目して検討します。

サケ漁を行う漁場は、それぞれのコタンの支配領域内の河川でした。では、どのようなサケ漁をしていたのでしょうか。アイヌのサケ漁というと、マレックというモリ状の道具を使ってサケを捕獲したり、ウライという罠を仕掛けたりする漁が知られています。では、刺し網などの網を使った漁は行われていたのでしょうか。

古文書（入北記など）などによると、江戸時代に網針《あばり》や刺し網などが和人との交易品として記されており、蝦夷地においてアイヌによる網漁が広く行われていたと考えられています。ところで、この網漁について近年、重要な発見がありました。それは、浦幌アイヌ協会が北海道大学を相手に提訴した85体のアイヌ遺骨返還訴訟においてでした。この訴訟は２０１７年3月22日に遺骨と副葬品を返還する和解が成立し、翌年8月、これら遺骨と副葬品が北海道大学から浦幌アイヌ協会に返還されました。この返還された副葬品の中に、漁網を修理する網針という道具が二つも含まれていたのです。網針は長さが10センチほどあり、この形状から比較的大きな目の網を修理する道具であったことがうかがえます。網針が副葬品として発見されたことで、浦幌地域のアイヌは大きな魚を捕るために漁網を使っていたことが裏付けられました。この遺骨が埋葬された江戸時代から明治期にかけて、大型の魚類（サケ）の捕獲に刺し網を使用していた事実が証明されたのです。

浦幌アイヌ協会というのは、現在の北海道十勝郡浦幌町のアイヌで組織される団体ですが、浦幌町には愛牛コタン、十勝太コタン、トウブトコタン、ウラホロブトコタンなど複数のコタンが存在していたことが知られています（松浦武四郎『東西蝦夷山川地理取調日誌』）。これら複数のコタンはいずれも十勝川下流域の川沿いに存在し、刺し網などの網を使用してサケを捕獲していたことが交易記録や副葬品によって裏付けられました。従って、刺し網を使用したサケ漁はこれらコタンの先住権として認められなければならず、各コタンの子孫によって構成される浦幌アイヌ協会は、この先住権を引き継いでいると考えられるのです。実際に浦幌アイヌ協会は、先住権としてのサケ捕獲権を求めて立ち上がりました。宣言は、日本政府が浦幌アイヌ協会をかつてのコタンの権利を引き継ぐ集団として承認し、先住権を有する集団として保護することを義務付けているのです。

先住権の議論こそが必要

「アイヌ新法」は、市町村が策定したアイヌ文化の普及・啓発のためのアイヌ地域計画に基づく事業に交付金を支出し、国が「象徴空間」という施設を建設、管理して多くの和人にアイヌ文化を「知ってもらう」、という施策を定めた法律でした。「アイヌ新法」では、アイヌの権利、特にアイヌの集団の権利である先住権について全く規定されておらず、その理由は、日本政府が先住権などの権利主体であるアイヌの集団はもはや日本には存在しない、という基本姿勢にあることを指摘しました。国はこのため、例えばサケの捕獲に関しても集団の権利（先住権）とは認めず、あくまでアイヌ個人の権利である文化享有権としてのサケ捕獲権しか認めていません。

しかし、アイヌの集団の権利、特に先住権について議論することが重要だと考えています。そして、この議論は、近世アイヌの歴史と、明治以降にアイヌの権利が奪われていく歴史を分析して比較することから始めなければなりません。江戸時代まで存続していたアイヌの主権に裏付けられた権利が、アイヌの意思によって明治政府に対し、正式に譲渡ないし放棄されたかどうかが問題だからです。そして、明治政府はアイヌの集団との交渉や条約などを締結しないまま、一方的に土地や自然資源を奪ったのですから、この明治政府の侵略に対してアイヌの集団は先住権を失っていないことを主張できるのです。

そのうえで、先住権の主体となりうるアイヌ集団を復活させることが日本政府の義務となります。私は、浦幌アイヌ協会のようにいまだ日本社会に同化されずに自らアイヌの集団としての統一性、一体性を保持し、先住権を勝ち取ろうとしているアイヌがいることを忘れてはならないと考えています。そして、このように考えているアイヌの集団はまだまだ多く存在しています。そして重要なことは、これらの集団が歴史的にどのような集団（コタン）のどのような権利を引き継いでいるのかを検討することなのです。このことが国連先住民族の権利宣言に忠実に従った方法なのです。ですから、「先住権の主体たる集団がもはや日本には存在しない」という立場は、国際的には決して認められるものではありません。このような立場は、現代における強制的な同化政策でしかありません。

今こそ明治以降の侵略の歴史（不正義の歴史）について、時計の針を１５０年前に戻し、アイヌと日本国の関係を再構築するときです。先住権はその新しい関係を築くひとつの大きな柱となるでしょう。

〈主な参考文献〉

榎森進『アイヌ民族の歴史』（草風館　２００７）
植木哲也『学問の暴力』（春風社　２００８）
植木哲也『新版学問の暴力』（春風社　２０１７）
高倉新一郎『アイヌ政策史』（日本評論社　１９４２）
北海道庁『新北海道史第三巻』（１９６９）
Charles F. Wilkinson; American Indians, Times, and the Law; Yale University Press 1987

海保嶺夫『日本北方史の論理』（雄山閣　1974）
市川守弘「先住権なき「アイヌ新法」ではなく……」（月刊『住民と自治』2019・8）
市川守弘『アイヌの法的地位と国の不正義』（寿郎社　2019）
市川守弘「アイヌ人骨返還を巡るアイヌ先住権について」（『法の科学』第45号　日本評論社）

「人間として生きる権利」の回復を求めて——結びに

北大開示文書研究会 共同代表
清水 裕二

私はアイヌの両親のもと、次男として1941年3月、天皇の「御料牧場の隅」で生まれました。父は新冠御料牧場の一角を管理する上司より、耕作営農を任されていたのです。しかし、戦争に召集され、薩摩川内市の旧日本陸軍川内駐屯部隊に所属し、終戦を迎えました。父の復員は1945年9月頃だったとおぼろげに覚えています。幼児だった私は父とは知らず、「どこかのおじさん」が来たように記憶しています。そして1947年4月、日新小学校に入学し、6キロの道のりを通学するようになりました。

この時期に差別といじめを経験しました。まず3年生の時、校庭で友人と遊んでいると、数人の友人が「アッ、犬が来た」と私の後方を差しました。驚いて振り向きましたが、犬はいません。友人は即座に大笑いして去っていきました。嫌な疑念を持ち呆然としたことをはっきりと覚えています。下校した夕刻、多忙な母に学校での出来事を報告し、「アイヌって、何のこと?」と尋ねました。うろたえた母に「なに馬鹿なことを言っているか。気にせず一生懸命勉強してシャモ(和人)になるんだ!」と一喝されました。子どもの私が「民族差別」を受けていることに気づいた瞬間でした。

また、高学年になったある日の放課後、アイヌの子弟だけ残されたことがあります。突然見知らぬ大人がやってきて、生体計測をされました。後になって、学者による人類学調査が行われたことを子どもながら理解しました。恥ずかしくて最近まで封印してきた記憶です。とにかく、両親から躾けられたのは根性、とりわけスパルタ親父からの負けん気魂です。いまさらながら鬼籍にいる2人に感謝するばかりです。

抱き続けた教職の誇り

両親は御料地開放で農地を得て、開拓農家となりました。公職を持つ父を助けるため、誠心誠意がんばる母の姿が脳裏から離れません。中学時代は、少しでも早く下校して手伝うため、部品を集めて自ら組み立てた自転車で通いました。自転車のハンドルには本立てを細工し、読書や暗記をしながらの通学でした。同じく高校時代も、キツネやヘビに遭遇する通学路が勉強の機会でした。石油ランプの効果もあって学力が高まると、友人による民族的差別や偏見が減りました。そして、高校の推薦を受けて短期大学に入学しましたが、貧農の出身で田舎者でしたので、緊張しながら勉学に励んでいたと思います。

振り返れば、小学校から短大までの学業の日々は、民族差別におびえて過ごした悲しい時代でした。その中に、厳しくも優しく、人権感覚を持って指導してくれた女性の恩師がいました。小学時代の担任で、忘れられない尊敬する存在です。

短大卒業後、大学の土壌肥料研究室での研究室副手として勤務した後、教員を40年近く勤めました。中学校教師として北海道北部に初めて赴任するとき、「アイヌであっても、教師として恰好よく生きていこう」と決意しましたが、早々につまずくことになります。それは、同僚や生徒、保護者からの偏見や差別です。それでも、「焦るべからず、挫けるべからず、迷うべからず」と自らを戒めました。その過程で、中学校社会科免許を取り、理科を中心に教科指導し、生徒の校外指導にも力を尽くしました。退勤後は、「夜回り先生」と生徒にいわれながら、夜半に校区や隣町まで非行防止のための「夜回り活動」を続けました。こうしたとき、参考になったのが小学校時代の恩師の指導態度です。憲法11条に謳われる基本的人権を自覚し、生徒の人格・人権を尊重する指導です。

同僚教師たちからは「問題生徒はアイヌの子弟だから、清水の担当だ」との発言もありました。

しかし、万引きなどの問題行動の事例に、アイヌの子弟はひとりもいませんでした。問題を起こした生徒は補導され、担当教師である私に一報が入ります。担当の私は警察署へ出向き、生徒の保護者に連絡して生徒の引き取りを依頼します。保護者には「子育ての自覚」を期待しましたが、生徒の引き取りに来ないこともありました。すると、生徒とともに警察署に一泊することになり、その回数は年30回にも及びました。

私は生徒指導理念として、「生徒を呼び捨てしない」「生徒の人格・人権を尊重する」「差別的な言葉による暴力は許さない」を徹底し、自らを「先生」とは言いませんでした。これは、教師を志した理由となった恩師の指導観や姿勢に基づくものです。私は、この理念を基本に教育実践を全うできたことを誇りに思っています。先祖アイヌは、「教え、諭し、叱る」ことが教育理念だと言います。私は、教育活動には信頼関係を維持することも欠かせないと心得ています。

その後、養護学校に転勤し、障碍児教育は「のん気・根気・元気」を信念として実践すべきことを理解しました。当時は障碍児・者に対する偏見が目立ち、「弱者に対する偏見・差別は許さない」との決心で取り組みました。「清水はアイヌである。管理職としてふさわしいのか」との妨害もありましたが、日常の教育実践が評価されて教頭になり、校長職へも昇任して学校経営に専念しました。

退職から約20年経った今、遠慮しつつも誇りある教師生活だったと自認しています。

アイヌ人骨の帰還

北海道150年の歴史を鑑みると、アイヌの存在を全面否定する歴史だったといえます。ことばを奪い、文化・習慣を奪い、住む土地や家（チセ）すら奪って人間としての扱いを否定し、尊厳や人権は皆無でした。歴史的に許されないことは、アイヌ人骨が人類学研究者・学者によって盗掘され、研究試料として使われたことです。19世紀末、国際的に人類学研究が広がり、「人類の陸の孤島・東洋に白人が生存する＝アイヌ」などと西欧が注目するようになります。明治から昭和年代には、日本人学者による約50か所に及ぶアイヌ人骨の発掘＝盗掘があったことが証明されています。北大学者らによるアイヌ墓地の暴きは、道内のみならず千島、樺太各地に及びました。和人によるこうしたアイヌの人権無視の研究姿勢は、鋭く非難され糾弾されるべきです。

奪われた遺骨の帰還を求めて、「北大開示文書研究会」や「コタンの会」の活動を継続してきました。全国12大学と北海道博物館などの施設に約1700体のアイヌ人骨が保管されていましたが、地域アイヌ協会の協力もあって、1割に満たないものの一部帰還が実現しました。残る遺骨の多くは、白老町の「民族共生象徴空間（ウポポイ）」の慰霊施設に2019年末、集約されました。そして今、集約人骨の分析研究が行われる可能性がうかがえるのです。時期を同じくして、「アイヌ民族に関する研究倫理指針」案が公表されました。日本人類学会、日本文化人類学会、日本考古学協会と北海道アイヌ協会がまとめた案ですが、遺骨返還の際に謝罪をせずに、いまさら何をと言わざるをえません。謝罪の態度を示さず、慰霊施設の遺骨を分析研究に活用しようとする企てとしか読み取れない内容です。

アイヌは間違いなく北海道・樺太・千島を中心とした日本国の先住民族であり、先住民族の権利は国際的にも「先住民族の権利に関する国際連合宣言」に謳われています。しかし、アイヌの人権を尊重する姿勢はいまだに日本社会に見いだせないのです。アイヌ人骨問題は、アイヌには何ら責任はなく、和人の責任問題であり和人側の研究者の責任です。つまりは国民的問題であり、市民一人ひとりの自覚の問題です。アイヌとして納得できる解決を望みます。

復権に寄与するために

私は学校教職員として、北海道内の中学校、養護学校、高等養護学校で奉職してきました。全力で自らの職場を守る努力を怠ることのない日々でしたが、日常的に「アイヌの教師」というだけで侮蔑的な言動や態度を浴びせられました。同僚や管理職からのこうした言動は忘れられません。

日本は複数民族の国であり、アイヌのみならず多様な人々が暮らす社会であることへの理解を広めるため、教育関係団体の集会や講座で積極的に訴えてきました。その過程で見えてきたことは、国際的に人権後進国と指摘される日本社会の姿です。人権教育の充実とともに、成熟した社会醸成のための気遣いが一人ひとりの市民に求められています。

道内の大学や都立大学の非常勤講師を拝命し、若い学生の感性を高める仕事も経験しました。少数民族懇談会という教育団体を通して、「先住民としてのアイヌ」への正しい理解促進や、アイヌの復権に向けて学習する運動も展開してきました。また、日本社会教育学会を通じて訪問した国々で、教育政策としての先住民族学校の充実を見聞してきました。こうした経験を通していま、先住民族教育の充実こそが求められていると考えます。日本では、アイヌに関する教育は時間に余裕があれば実践する、というものです。これでは、子どもたちに「珍しいアイヌ」という印象が伝わるだけで、歴史・文化・人権、そして人間の尊厳に関する理解にはつながりません。

かつて、私は日本社会教育学会で「アイヌ民族教育に関する共同研究会」を立ち上げ、「アイヌ民族教育学会を組織したい」と主張しました。その目的は、「アイヌ民族教育制度に関する学術研究を通じて、アイヌ民族の復権に寄与する」ことでした。いまも、民族教育の可能性だけでなく、関係する国内法を整備してアイヌ民族の教育権を確保したいと強く願っています。

＊

最後になりましたが、長年にわたるアジア地域の民族と国家の研究をもとに、近年の日本政府のアイヌ政策を深く洞察した論考の書籍化をご快諾いただいたテッサ・モーリス＝スズキさんに、心より感謝します。さらに、私と同じアイヌ民族の葛野次雄さん、楢木貴美子さん、差間正樹さんには、自らの厳しい体験を臆することなく語っていただき、弁護士の市川守弘さんには法律家の視点で先住権の論点を解説いただきました。また、この本を世に出すまでに、かもがわ出版の樋口修さんには北海道まで足を運びご尽力いただきました。そして、北大開示文書研究会の殿平善彦・共同代表はじめ編集委員の皆様の熱意と努力がありました。各位の日頃の活動に敬意を表し、深くお礼を申し上げます。

2020年6月

資料

●関連年表

1869年　明治政府が開拓使を設置し、蝦夷地を北海道と改称する。

1875年　政府、樺太・千島交換条約でロシア領になった樺太（サハリン）からアイヌ民族を宗谷に移す（翌年、対雁に強制移住）。

1883年　札幌県、十勝川上流のサケ漁を禁止し、翌年、十勝地方のアイヌ民族が飢餓状態になる。

1888年　東京帝国大の小金井良精がアイヌの人類学研究のため北海道を調査旅行、アイヌ人骨を収集。

1899年　北海道旧土人保護法公布。

1905年　日露戦争後の講和条約で樺太の北緯50度以南が日本領に。翌年、対雁へ移住したアイヌの樺太への帰還が進む。

1923年　知里幸恵、『アイヌ神謡集』を出版。

1931年　北海道帝国大医学部が日高地方でアイヌ墓地を発掘して遺骨収集を始める。

1933年　勅令（樺太）アイヌ定籍に関する件、施行。

1945年　ソ連軍が南樺太と千島列島に侵攻。アイヌを含む避難民が北海道など日本領内に引き揚げ・移住。

1946年　北海道アイヌ協会設立。後に北海道ウタリ協会に改称したが、再度、設立当初の名称に戻す。

1981年　北海道民族問題研究会代表・海馬沢博、北海道大にアイヌ遺骨に関して公開質問状。

1982年　北海道ウタリ協会が「北海道大におけるアイヌに係る問題について」を北海道大に提出。

1984年　北海道ウタリ協会が「アイヌ民族に関する法律（案）」を決議し、旧土人保護法撤廃と新法制定を求める。
1986年　中曽根康弘首相が「単一民族国家」発言。
1997年　札幌地裁が「二風谷ダム訴訟」判決でアイヌ民族を先住民族と認定し、文化享有権も認めて土地収用を違法とする。
北海道旧土人保護法を廃止し、アイヌ文化振興法公布。
2006年　北海道ウタリ協会と札幌医大が「医大保管のアイヌ人骨の受入・管理・返還等についての覚書」を交わす。
2007年　国際連合総会が「先住民族の権利に関する国際連合宣言」を採択。
2008年　小川隆吉が北海道大にアイヌ人骨台帳と関連する文書の公開を請求。
国会が「アイヌ民族を先住民族とすることを求める決議」を採択。
北大開示文書研究会発足。
2009年　アイヌ政策のあり方に関する有識者懇談会が報告書をまとめる。これを受け、内閣官房長官を座長とするアイヌ政策推進会議を設置。
2012年　政府が「民族共生の象徴となる空間」基本構想を発表。
小川隆吉、城野口ユリら、浦河町杵臼コタンから発掘された遺骨返還を求め北海道大を提訴（16年和解）。
2013年　文部科学省が「全国12大学が1635体以上のアイヌ人骨を保管している」と報告。

２０１４年　紋別アイヌ協会が遺骨返還を求めて北海道大を提訴（16年和解、遺骨返還）。

浦幌アイヌ協会が遺骨返還を求めて北海道大を提訴（17年和解、遺骨返還）。

政府が「個人が特定されたアイヌ遺骨等の返還手続きに関するガイドライン」発表。

「アイヌ文化の復興等を促進するための民族共生象徴空間の整備及び管理運営に関する基本方針について」閣議決定。

２０１５年　遺骨返還裁判原告ら日弁連人権擁護委員会にアイヌ人骨問題人権救済申し立て。
浦河町でコタンの会設立。

２０１６年　本邦外出身者に対する不当な差別的言動の解消に向けた取組の推進に関する法律（ヘイトスピーチ解消法）公布。

裁判和解にもとづき北海道大が杵臼コタンに遺骨12体を返還。コタンの会が再埋葬。

平取アイヌ遺骨を考える会結成。

アイヌ政策検討市民会議発足。


２０１７年　旭川アイヌ協議会が遺骨返還を求めて北海道大を提訴（18年和解、遺骨返還）。

ドイツ民間学術団体がアイヌ遺骨（頭骨）１体を日本政府と北海道アイヌ協会に引き渡し。

コタンの会が静内から発掘された遺骨返還を求めて北海道大を提訴（19、20年取り下げ）。

コタンの会が遺骨返還を求め札幌医大と北海道を提訴（18、20年取り下げ）。

２０１８年　浦幌アイヌ協会が遺骨返還を求めて札幌医大を提訴（19年和解、遺骨返還）。
アイヌ遺骨から無断でＤＮＡを検出した問題で国立科学博物館、山梨大に清水裕二らが公開質問状。

エンチウ遺族会設立。

２０１９年
政府が「大学の保管するアイヌ遺骨等の出土地域への返還手続に関するガイドライン」を発表。

アイヌ文化振興法を廃止し、「アイヌの人々の誇りが尊重される社会を実現するための施策の推進に関する法律」を公布。

浦幌町が町立博物館所蔵のアイヌ遺骨を浦幌アイヌ協会に返還。

静内アイヌ協会設立。

浦幌アイヌ協会が遺骨返還を求めて東京大を提訴。

紋別アイヌ協会、モベツ川で丸木舟を使いカラフトマスなどを捕獲。

民族共生象徴空間の慰霊施設に北大など全国９大学が保管していたアイヌ遺骨を移送。

日本人類学会、日本考古学協会、日本文化人類学会、北海道アイヌ協会が「アイヌ民族に関する研究倫理指針案」をまとめる。

２０２０年
静内アイヌ協会、麻生太郎副総理の「ひとつの民族」発言に抗議声明。
ＩＯＣが新型コロナウイルス禍を受け、東京五輪を１年後の２０２１年に延期することを決定。
民族共生象徴空間（ウポポイ）完成。開業が新型コロナウイルス禍で延期される。

＊榎森進『アイヌ民族の歴史』（草風館）、植木哲也『新版学問の暴力』（春風社）などを参照に作成。

●先住民族の権利に関する国際連合宣言（United Nations Declaration on the Rights of Indigenous Peoples）

２００７年９月13日採択

「先住民族の権利にとって最も包括的な国際的規範」と評される重要な宣言です。略称はＵＮＤＲＩＰ（アンドリップ）。採否がはかられた国連総会では、１４４か国の圧倒的多数が採択に賛成し、反対した4か国（アメリカ、カナダ、オーストラリア、ニュージーランド＝アオテアロア）も、２０１０年までにすべて宣言支持に転じました。日本政府は、採択に先立つ２００６年６月の国連人権理事会で、（先住民族の）民族自決権は主権国家の領土主権を害さないものと解釈するとともに、集団的権利は認めないという態度を示し、翌年の国連総会で宣言採択に賛成票を投じました。（編者）

（前文）

国際連合総会は、国際連合憲章の目的および原則、ならびに憲章に従い国家が負っている義務の履行における信義誠実に導かれ、すべての民族が異なることへの権利、自らを異なると考える権利、および異なる者として尊重される権利を有することを承認するとともに、先住民族が他のすべての民族と平等であることを確認し、すべての民族が、人類の共同遺産を成す文明および文化の多様性ならびに豊かさに貢献することもまた確認し、国民的出自または人種的、宗教的、民族的ならびに文化的な差異を根拠として民族または個人の優越を基盤とし、または主唱するすべての教義、政策、慣行は、人種差別主義であり、科学的に誤りであり、法的に無効であり、道義的に非難すべきであり、社会的に不正であることをさらに確認する。（段落に修正）

先住民族は、自らの権利の行使において、いかなる種類の差別からも自由であるべきことをまた再確認し、先住民族は、とりわけ、自らの植民地化とその土地、領域および資源の奪取の結果、歴史的な不正義によって苦しみ、したがって特に、自身のニーズ（必要性）と利益に従った発展に対する自らの権利を彼／彼女らが行使することを妨げられてきたことを懸念し、先住民族の政治的、経済的および社会的構造と、自らの文化、精神的伝統、歴史および哲学に由来するその生得の権利、特に土

地、領域および資源に対する自らの権利を尊重し促進させる緊急の必要性を認識する。(同)
また、条約や協定、その他の国家との建設的取決めで認められた先住民族の権利を尊重し促進する緊急の必要性をさらに認識し、先住民族が、政治的、経済的、社会的および文化的向上のために、そしてあらゆる形態の差別と抑圧に、それが起こる至る所で終止符を打つために、自らを組織しつつあるという事実を歓迎し、先住民族とその土地、領域および資源に影響を及ぼす開発に対する先住民族による統制は、彼/彼女らが、自らの制度、文化および伝統を維持しかつ強化すること、そして自らの願望とニーズ(必要性)に従った発展を促進することを可能にすると確信し、先住民族の知識、文化および伝統的慣行の尊重は、持続可能で衡平な発展と環境の適切な管理に寄与することもまた認識する。(同)
先住民族の土地および領域の非軍事化の、世界の諸国と諸民族の間の平和、経済的・社会的進歩と発展、理解、そして友好関係に対する貢献を強調し、先住民族の家族と共同体が、子どもの権利と両立させつつ、自らの子どもの養育、訓練、教育および福利について共同の責任を有する権利を特に認識し、国家と先住民族との間の条約、協定および建設的な取決めによって認められている権利は、状況によって、国際的な関心と利益、責任、性質の問題であることを考慮する。(同)
また、条約や協定、その他の建設的な取決め、ならびにそれらが示す関係は、先住民族と国家の間のより強固なパートナーシップ(対等な立場に基づく協働関係)の基礎であることもまた考慮し、国際連合憲章、経済的、社会的及び文化的権利に関する国際規約、そして市民的及び政治的権利に関する国際規約、ならびにウィーン宣言および行動計画が、すべての民族の自己決定の権利ならびにその権利に基づき、彼/彼女らが自らの政治的地位を自由に決定し、自らの経済的、社会的および文化的発展を自由に追求することの基本的な重要性を確認していることを是認し、本宣言中のいかなる規定も、どの民族に対しても、国際法に従って行使されるところの、その自己決定の権利を否認するために利用されてはならないことを心に銘記する。(同)
本宣言で先住民族の権利を承認することが、正義と民主主義、人権の尊重、非差別と信義誠実の原則に基づき、国家と先住民族の間の調和的および協力的な関係の向上につながることを確信し、国家に対し、先住民族に適用される国際法文書の下での、特に人権に関連する文書に関するすべての義務を、関係する民族との協議と協力に従って、遵守しかつ効果的に履行することを奨励し、国際連合が先住民族の権利の促進と保護において演じるべき重要かつ継続する役割を有することを強調し、本宣言が、先住民族の権利と自由の承認、促進および保護への、そしてこの分野における国際連合システムの関連する活動を展開するにあたっての、更なる重要な一歩前進であることを信じる。(同)

先住民族である個人は、差別なしに、国際法で認められたすべての人権に対する権利を有すること、およびその民族としての存立や福祉、統合的発展にとって欠かすことのできない集団としての権利を保有していることを認識かつ再確認し、先住民族の状況が、地域や国によって異なること、ならびに国および地域的な特性の重要性と、多様な歴史的および文化的背景が考慮されるべきであることもまた認識し、以下の、先住民族の権利に関する国際連合宣言を、パートナーシップ(対等な立場に基づく協働関係)と相互尊重の精神の下で、達成を目指すべき基準として厳粛に宣言する。

第一条 先住民族は、集団または個人として、国際連合憲章、世界人権宣言および国際人権法に認められたすべての人権と基本的自由の十分な享受に対する権利を有する。

第二条 先住民族および個人は、自由であり、かつ他のすべての民族および個人と平等であり、さらに、自らの権利の行使において、いかなる種類の差別からも、特にその先住民族としての出自あるいはアイデンティティ(帰属意識)に基づく差別からも自由である権利を有する。

第三条 先住民族は、自己決定の権利を有する。この権利に基づき、先住民族は、自らの政治的地位を自由に決定し、ならびにその経済的、社会的および文化的発展を自由に追求する。

第四条 先住民族は、その自己決定権の行使において、このような自治機能の財源を確保するための方法と手段を含めて、自らの内部的および地方的問題に関連する事柄における自律あるいは自治に対する権利を有する。

第五条 先住民族は、国家の政治的、経済的、社会的および文化的生活に、彼／彼女らがそう選択すれば、完全に参加する権利を保持する一方、自らの独自の政治的、法的、経済的、社会的および文化的制度を維持しかつ強化する権利を有する。

第六条 すべての先住民族である個人は、国籍／民族籍に対する権利を有する。

第七条 1 先住民族である個人は、生命、身体および精神的一体性、自由ならびに安全に対する権利を有する。

2 先住民族は、独自の民族として自由、平和および安全のうちに生活する集団的権利を有し、集団からの別の集団への子どもの強制的引き離しを含む、ジェノサイド（特定の集団を対象とした大量虐殺）行為または他のあらゆる暴力行為にさらされてはならない。

第八条 1 先住民族およびその個人は、強制的な同化または文化の破壊にさらされない権利を有する。

2 国家は以下の行為について防止し、是正するための効果的な措置をとる。

（a）独自の民族としての自らの一体性、その文化的価値観あるいは民族的アイデンティティ（帰属意識）を剥奪する目的または効果をもつあらゆる行為。

（b）彼／彼女らからその土地、領域または資源を収奪する目的または効果をもつあらゆる行為。

（c）彼／彼女らの権利を侵害し、または損なう目的または効果をもつあらゆる形態の強制的な住民移転。

（d）あらゆる形態の強制的な同化または統合。

（e）彼／彼女らに対する人種的または民族的差別を助長または扇動する意図をもつあらゆる形態のプロパガンダ（デマ、うそ、偽りのニュースを含む広報宣伝）。

第九条 先住民族およびその個人は、関係する共同体または民族の伝統と慣習に従って、先住民族の共同体または民族に属する権利を有する。いかなる種類の不利益もかかる権利の行使から生じてはならない。

第十条 先住民族は、自らの土地または領域から強制的に移動させられない。関係する先住民族の自由で事前の情報に基づく合意なしに、また正当で公正な補償に関する合意、そして可能な場合は、帰還の選択肢のある合意の後でなければ、いかなる転住も行われない。

第十一条　1　先住民族は、自らの文化的伝統と慣習を実践しかつ再活性化する権利を有する。これには、考古学的および歴史的な遺跡、加工品、意匠、儀式、技術、視覚芸術および舞台芸術、そして文学のような過去、現在および未来にわたる自らの文化的表現を維持し、保護し、かつ発展させる権利が含まれる。

2　国家は、その自由で事前の情報に基づく合意なしに、また彼／彼女らの法律、伝統および慣習に違反して奪取されたその文化的、知的、宗教的およびスピリチュアル（霊的、超自然的）な財産に関して、先住民族と連携して策定された効果的な仕組みを通じた、原状回復を含む救済を与える。

第十二条　1　先住民族は、自らの精神的および宗教的伝統、慣習、そして儀式を表現し、実践し、発展させ、教育する権利を有し、その宗教的および文化的な遺跡を維持し、保護し、そして私的にそこに立ち入る権利を有し、儀式用具を使用し管理する権利を有し、遺骨の返還に対する権利を有する。

2　国家は、関係する先住民族と連携して公平で透明性のある効果的措置を通じて、儀式用具と遺骨のアクセス（到達もしくは入手し、利用する）および／または返還を可能にするよう努める。

第十三条　1　先住民族は、自らの歴史、言語、口承伝統、哲学、表記方法および文学を再活性化し、使用し、発展させ、そして未来の世代に伝達する権利を有し、ならびに独自の共同体名、地名、そして人名を選定しかつ保持する権利を有する。

2　国家は、この権利が保護されることを確保するために、必要な場合には通訳の提供または他の適切な手段によって、政治的、法的、行政的な手続きにおいて、先住民族が理解できかつ理解され得ることを確保するために、効果的措置をとる。

第十四条　1　先住民族は、自らの文化的な教育法および学習法に適した方法で、独自の言語で教育を提供する教育制度および施設を設立し、管理する権利を有する。

2　先住民族である個人、特に子どもは、国家によるあらゆる段階と形態の教育を、差別されずに受ける権利を有する。

3　国家は、先住民族と連携して、その共同体の外に居住する者を含め先住民族である個人、特に子どもが、可能な場合に、独自の文化および言語による教育に対してアクセス（到達もしくは入手し、利用）できるよう、効果的措置をとる。

第十五条 1 先住民族は、教育および公共情報に適切に反映されるべき自らの文化、伝統、歴史および願望の尊厳ならびに多様性に対する権利を有する。

2 国家は、関係する先住民族と連携および協力して、偏見と闘い、差別を除去し、先住民族および社会の他のすべての成員の間での寛容、理解および良好な関係を促進するために、効果的措置をとる。

第十六条 1 先住民族は、独自のメディアを自身の言語で設立し、差別されずにあらゆる形態の非先住民族メディアへアクセス（到達もしくは入手し、利用）する権利を有する。

2 国家は、国営メディアが先住民族の文化的多様性を正当に反映することを確保するため、効果的措置をとる。国家は、完全な表現の自由の確保を損なうことなく、民間のメディアが先住民族の文化的多様性を十分に反映することを奨励すべきである。

第十七条 1 先住民族である個人および先住民族は、適用可能な国際および国内労働法の下で確立されたすべての権利を全面的に享受する権利を有する。

2 国家は、先住民族の子どもたちを経済的搾取から保護するため、および危険性があり、もしくは子どもの教育を阻害し、または子どもの健康もしくは肉体的または精神的、スピリチュアル（霊的、超自然的）、道徳的もしくは社会的な発達に対して有害であると思われるようないかなる労働にも従事しないよう保護するため、彼／彼女らが特に弱い存在であることと、そのエンパワメント（能力・権利の強化）のために教育が重要であることを考慮に入れつつ、先住民族と連携および協力し特別な措置をとる。

3 先住民族である個人は、労働や、特に雇用、または給与のいかなる差別的条件にも従わせられない権利を有する。

第十八条 先住民族は、自らの権利に影響を及ぼす事柄における意思決定に、自身の手続きに従い自ら選んだ代表を通じて参加し、先住民族固有の意思決定制度を維持しかつ発展させる権利を有する。

第十九条 国家は、先住民族に影響を及ぼし得る立法的または行政的措置を採択し実施する前に、彼/彼女らの自由で事前の情報に基づく合意を得るため、その代表機関を通じて、当該の先住民族と誠実に協議し協力する。

第二十条 1　先住民族は、自らの政治的、経済的および社会的制度または機関を維持しかつ発展させる権利、生存および発展の独自の手段の享受が確保される権利、ならびに自らのすべての伝統的その他の経済活動に自由に従事する権利を有する。

2　自らの生存および発展の手段を剥奪された先住民族は、正当かつ公正な救済を得る権利を有する。

第二十一条 1　先住民族は、特に、教育、雇用、職業訓練および再訓練、住宅、衛生、健康、ならびに社会保障の分野を含めて、自らの経済的および社会的条件の改善に対する権利を差別なく有する。

2　国家は、彼/彼女らの経済的および社会的条件の継続した改善を確保すべく効果的な措置および、適切な場合は、特別な措置をとる。先住民族の高齢者、女性、青年、子ども、および障がいのある人々の権利と特別なニーズ(必要性)に特別な注意が払われる。

第二十二条 1　この宣言の実行にあたって、先住民族の高齢者、女性、青年、子ども、そして障がいのある人々の権利と特別なニーズ(必要性)に特別の注意が払われる。

2　国家は、先住民族と連携して、先住民族の女性と子どもがあらゆる形態の暴力と差別に対する完全な保護ならびに保障を享受することを確保するために措置をとる。

第二十三条　先住民族は、発展に対する自らの権利を行使するための優先事項および戦略を決定し、発展させる権利を有する。特に、先住民族は、自らに影響を及ぼす健康、住宅、その他の経済的および社会的計画を展開し決定することに積極的に関わる権利を有し、可能な限り、自身の制度を通じてそのような計画を管理する権利を有する。

第二十四条 1　先住民族は、必要不可欠な医療用の動植物および鉱物の保存を含む、自らの伝統医療および保健の実践を維持する権利を有する。先住民族である個人は、また、社会的および保健サービスをいかなる差別もなく利用する権利を有する。

2　先住民族である個人は、到達し得る最高水準の身体的および精神的健康を享受する平等な権利を有する。国家はこの権利の完全な実現を漸進的に達成するため、必要な措置をとる。

第二十五条　先住民族は、自らが伝統的に所有もしくはその他の方法で占有または使用してきた土地、領域、水域および沿岸海域、その他の資源との自らの独特な精神的つながりを維持し、強化する権利を有し、これに関する未来の世代に対するその責任を保持する権利を有する。

第二十六条　1　先住民族は、自らが伝統的に所有し、占有し、またはその他の方法で使用し、もしくは取得してきた土地や領域、資源に対する権利を有する。

2　先住民族は、自らが、伝統的な所有権もしくはその他の伝統的な占有または使用により所有し、あるいはその他の方法で取得した土地や領域、資源を所有し、使用し、開発し、管理する権利を有する。

3　国家は、これらの土地と領域、資源に対する法的承認および保護を与える。そのような承認は、関係する先住民族の慣習、伝統、および土地保有制度を十分に尊重してなされる。

第二十七条　国家は、関係する先住民族と連携して、伝統的に所有もしくは他の方法で占有または使用されたものを含む先住民族の土地と領域、資源に関する権利を承認し裁定するために、公平、独立、中立で公開された透明性のある手続きを、先住民族の法律や慣習、および土地保有制度を十分に尊重しつつ設立し、かつ実施する。先住民族はこの手続きに参加する権利を有する。

第二十八条　1　先住民族は、自らが伝統的に所有し、または占有もしくは使用してきた土地、領域および資源であって、その自由で事前の情報に基づいた合意なくして没収、収奪、占有、使用され、または損害を与えられたものに対して、原状回復を含む手段により、またはそれが可能でなければ正当、公正かつ衡平な補償の手段により救済を受ける権利を有する。

2　関係する民族による自由な別段の合意がなければ、補償は、質、規模および法的地位において同等の土地、領域および資源の形態、または金銭的な賠償、もしくはその他の適切な救済の形をとらなければならない。

第二十九条　1　先住民族は、自らの土地、領域および資源の環境ならびに生産能力の保全および保護に対する権利を有する。国家は、そのような保全および保護のための先住民族のための支援計画を差別なく作成し実行する。

2　国家は、先住民族の土地および領域において彼／彼女らの自由で事前の情報に基づく合意なしに、有害物質のいかなる貯蔵および廃棄処分が行われないことを確保するための効果的な措置をとる。

3　国家はまた、必要な場合に、そのような物質によって影響を受ける民族によって策定されかつ実施される、先住民族の健康を監視し、維持し、そして回復するための計画が適切に実施されることを確保するための効果的な措置をとる。

第三十条　1　関連する公共の利益によって正当化されるか、もしくは当該の先住民族による自由な合意または要請のある場合を除いて、先住民族の土地または領域で軍事活動は行われない。

2　国家は、彼／彼女らの土地や領域を軍事活動で使用する前に、適切な手続き、特にその代表機関を通じて、当該民族と効果的な協議を行う。

第三十一条　1　先住民族は、人的・遺伝的資源、種子、薬、動物相・植物相の特性についての知識、口承伝統、文学、意匠、スポーツおよび伝統的競技、ならびに視覚芸術および舞台芸術を含む、自らの文化遺産および伝統的文化表現ならびに科学、技術、および文化的表現を保持し、管理し、保護し、発展させる権利を有する。先住民族はまた、このような文化遺産、伝統的知識、伝統的文化表現に関する自らの知的財産を保持し、管理し、保護し、発展させる権利を有する。

2　国家は、先住民族と連携して、これらの権利の行使を承認しかつ保護するために効果的な措置をとる。

第三十二条　1　先住民族は、自らの土地または領域およびその他の資源の開発または使用のための優先事項および戦略を決定し、発展させる権利を有する。

2　国家は、特に、鉱物、水または他の資源の開発、利用または採掘に関連して、彼／彼女らの土地、領域および他の資源に影響を及ぼすいかなる事業の承認にも先立ち、先住民族自身の代表機関を通じ、その自由で情報に基づく合意を得るため、当該先住民族と誠実に協議かつ協力する。

3　国家は、そのようないかなる活動についての正当かつ公正な救済のための効果的仕組みを提供し、環境的、経済的、社会的、文化的またはスピリチュアル（霊的、超自然的）な負の影響を軽減するために適切な措置をとる。

第三十三条　1　先住民族は、自らの慣習および伝統に従って、そのアイデンティティ（帰属意識）もしくは構成員を決定する集団としての権利を有する。このことは、先住民族である個人が、自らの住む国家の市民権を取得する権利を害しない。

2　先住民族は、自身の手続きに従って、その組織の構造を決定しかつその構成員を選出する権利を有する。

第三十四条　先住民族は、国際的に承認された人権基準に従って、自らの組織構造およびその独自の慣習、精神性、伝統、手続き、慣行、および存在する場合には司法制度または慣習を促進し、発展させ、かつ維持する権利を有する。

第三十五条　先住民族は、自らの共同体に対する個人の責任を決定する権利を有する。

第三十六条　1　先住民族、特に国境によって分断されている先住民族は、スピリチュアル（霊的、超自然的）、文化的、政治的、経済的および社会的な目的のための活動を含めて、国境を越えて他の民族だけでなく自民族の構成員との接触、関係および協力を維持しかつ発展させる権利を有する。

2　国家は、先住民族と協議および協力して、この権利の行使を助長し、この権利の実施を確保するための効果的な措置をとる。

第三十七条　1　先住民族は、国家またはその継承者と締結した条約、協定および他の建設的取決めを承認し、遵守させ、実施させる権利を有し、また国家にそのような条約、協定および他の建設的取決めを遵守し、かつ尊重させる権利を有する。

2　この宣言のいかなる規定も、条約や協定、建設的な取決めに含まれている先住民族の権利を縮小または撤廃するものと解されてはならない。

第三十八条　国家は、本宣言の目的を遂行するために、先住民族と協議および協力して、立法措置を含む適切な措置をとる。

第三十九条　先住民族は、本宣言に掲げる権利の享受のために、国家からおよび国際協力を通じての資金的および技術的な援助を利用する権利を有する。

第四十条　先住民族は、国家もしくはその他の主体との紛争および争議の解決のための相互に正当かつ公正な手続きを利用し、迅速な決定を受ける権利を有し、また自らの個人的および集団的権利のすべての侵害に対する効果的な救済を受ける権利を有する。そのような決定には、当該先住民族の慣習、伝統、規則、法制度および国際人権を十分に考慮しなければならない。

第四十一条　国際連合システムの機関および専門機関ならびにその他の政府間機関は、特に、資金協力および技術援助の動員を通じて、本宣言の条項の完全実現に寄与するものとする。先住民族に影響を及ぼす問題に関して、その参加を確保する方法と手段を確立する。

第四十二条　国際連合および先住民族問題に関する常設フォーラムを含む国連機関、各国に駐在するものを含めた専門機関ならびに国家は、本宣言の条項の尊重および完全適用を促進し、本宣言のフォローアップ（追跡措置）を行う。

第四十三条　本宣言で認められている権利は、世界の先住民族の生存、尊厳および福利のための最低限度の基準をなす。

第四十四条　ここに承認されているすべての権利と自由は、男性と女性の先住民族である個人に等しく保障される。

第四十五条　本宣言中のいかなる規定も、先住民族が現在所有している、もしくは将来取得しうる権利を縮小あるいは消滅させると解釈されてはならない。

第四十六条　1　本宣言のいかなる規定も、いずれかの国家、民族、集団あるいは個人が、国際連合憲章に反する活動に従事し、またはそのような行為を行う権利を有することを意味するものと解釈されてはならず、もしくは、主権独立国家の領土保全または政治的統一を全体的または部分的に、分断しあるいは害するいかなる行為を認めまたは奨励するものと解釈されてはならない。

2　本宣言で明言された権利の行使にあたっては、すべての者の人権と基本的自由が尊重される。本宣言に定める権利の行使は、法律によって定められかつ国際人権上の義務に従った制限にのみ従う。そのような制限は無差別のものであり、もっぱら他者の権利と自由への相応の承認と尊重を確保する目的であって、民主的な社会の公正でかつ最も切実な要求に合致するためだけに厳密に必要なものでなければならない。

3　本宣言に定められている条項は、正義、民主主義、人権の尊重、平等、非差別、よき統治、および信義誠実の原則に従って解釈される。

＊市民外交センターによる仮訳（２００８年7月31日、改訂２００８年9月21日）に基づく。表記の一部を修正

●アイヌ民族を先住民族とすることを求める決議

衆院本会議、２００８年6月可決

昨年九月、国連において「先住民族の権利に関する国際連合宣言」が、我が国も賛成する中で採択された。これはアイヌ民族の長年の悲願を映したものであり、同時に、その趣旨を体して具体的な行動をとることが、国連人権条約監視機関から我が国に求められている。

我が国が近代化する過程において、多数のアイヌの人々が、法的には等しく国民でありながらも差別され、貧窮を余儀なくされたという歴史的事実を、私たちは厳粛に受け止めなければならない。

全ての先住民族が、名誉と尊厳を保持し、その文化と誇りを次世代に継承していくことは、国際社会の潮流であり、また、こうした国際的な価値観を共有することは、我が国が二十一世紀の国際社会をリードしていくためにも不可欠である。

特に、本年七月に、環境サミットとも言われるG８サミットが、自然との共生を根幹とするアイヌ民族先住の地、北海道で開催されることは、誠に意義深い。

政府は、これを機に次の施策を早急に講じるべきである。

一　政府は、「先住民族の権利に関する国際連合宣言」を踏まえ、アイヌの人々を日本列島北部周辺、とりわけ北海道に先住し、独自の言語、宗教や文化の独自性を有する先住民族として認めること。

二　政府は、「先住民族の権利に関する国際連合宣言」が採択されたことを機に、同宣言における関連条項を参照しつつ、高いレベルで有識者の意見を聞きながら、これまでのアイヌ政策をさらに推進し、総合的な施策の確立に取り組むこと。

右決議する。

＊参院本会議でも同趣旨の決議を可決

●アイヌの人々の誇りが尊重される社会を実現するための施策の推進に関する法律（平成三十一年法律第十六号）

2019年4月成立

通称は「アイヌ施策推進法」で、本書では「アイヌ新法」と略。北海道旧土人保護法（1899～1997年）、アイヌ文化の振興並びにアイヌの伝統等に関する知識の普及及び啓発に関する法律（アイヌ文化振興法、1997～2019年）に続く第三の「アイヌ対策」法です。国会では、日本維新の会・希望の党を除く与野党の全会派が法案に賛成し、可決・成立しました。（編者）

第一章　総則

（目的）

第一条　この法律は、日本列島北部周辺、とりわけ北海道の先住民族であるアイヌの人々の誇りの源泉であるアイヌの伝統及びアイヌ文化（以下「アイヌの伝統等」という。）が置かれている状況並びに近年における先住民族をめぐる国際情勢に鑑み、アイヌ施策の推進に関し、基本理念、国等の責務、政府による基本方針の策定、民族共生象徴空間構成施設の管理に関する措置、市町村（特別区を含む。以下同じ。）によるアイヌ施策推進地域計画の作成及びその内閣総理大臣による認定、当該認定を受けたアイヌ施策推進地域計画に基づく事業に対する特別の措置、アイヌ政策推進本部の設置等について定めることにより、アイヌの人々が民族としての誇りを持って生活することができ、及びその誇りが尊重される社会の実現を図り、もって全ての国民が相互に人格と個性を尊重し合いながら共生する社会の実現に資することを目的とする。

（定義）

第二条　この法律において「アイヌ文化」とは、アイヌ語並びにアイヌにおいて継承されてきた生活様式、音楽、舞踊、工芸その他の文化的所産及びこれらから発展した文化的所産をいう。

2　この法律において「アイヌ施策」とは、アイヌ文化の振興並びにアイヌの伝統等に関する知識の普及及び啓発（以下「アイヌ文化の振興等」という。）並びにアイヌの人々が民族としての誇りを持って生活するためのアイヌ文化の振興等に資する環境の整備に関する施策をいう。

3　この法律において「民族共生象徴空間構成施設」とは、民族共生象徴空間（アイヌ文化の振興等の拠点として国土交通省令・文部科学省令で定める場所に整備される国有財産法（昭和二十三年法律第七十三号）第三条第二項に規定する行政財産をいう。）を構成する施設（その敷地を含む。）であって、国土交通省令・文部科学省令で定めるものをいう。

（基本理念）

第三条　アイヌ施策の推進は、アイヌの人々の民族としての誇りが尊重されるよう、アイヌの人々の誇りの源泉であるアイヌの伝統等並びに我が国を含む国際社会において重要な課題である多様な民族の共生及び多様な文化の発展についての国民の理解を深めることを旨として、行われなければならない。

2　アイヌ施策の推進は、アイヌの人々が民族としての誇りを持って生活することができるよう、アイヌの人々の自発的意思の尊重に配慮しつつ、行われなければならない。

3　アイヌ施策の推進は、国、地方公共団体その他の関係する者の相互の密接な連携を図りつつ、アイヌの人々が北海道のみならず全国において生活していることを踏まえて全国的な視点に立って行われなければならない。

第四条　何人も、アイヌの人々に対して、アイヌであることを理由として、差別することその他の権利利益を侵害する行為をしてはならない。

（国及び地方公共団体の責務）

第五条　国及び地方公共団体は、前二条に定める基本理念にのっとり、アイヌ施策を策定し、及び実施する責務を有する。

2　国及び地方公共団体は、アイヌ文化を継承する者の育成について適切な措置を講ずるよう努めなければならない。

3　国及び地方公共団体は、教育活動、広報活動その他の活動を通じて、アイヌに関し、国民の理解を深めるよう努めなければならない。

4　国は、アイヌ文化の振興等に資する調査研究を推進するよう努めるとともに、地方公共団体が実施するアイヌ施策を推進するために必要な助言その他の措置を講ずるよう努めなければならない。

（国民の努力）

第六条　国民は、アイヌの人々が民族としての誇りを持って生活することができ、及びその誇りが尊重される社会の実現に寄与するよう努めるものとする。

第二章　基本方針等

（基本方針）

第七条　政府は、アイヌ施策の総合的かつ効果的な推進を図るための基本的な方針（以下「基本方針」という。）を定めなければならない。

2　基本方針には、次に掲げる事項を定めるものとする。

一　アイヌ施策の意義及び目標に関する事項

二　政府が実施すべきアイヌ施策に関する基本的な方針

三　民族共生象徴空間構成施設の管理に関する基本的な事項

四　第十条第一項に規定するアイヌ施策推進地域計画の同条第九項の認定に関する基本的な事項

五　前各号に掲げるもののほか、アイヌ施策の推進のために必要な事項

3　内閣総理大臣は、アイヌ政策推進本部が作成した基本方針の案について閣議の決定を求めなければならない。

4　内閣総理大臣は、前項の規定による閣議の決定があったときは、遅滞なく、基本方針を公表しなければならない。

5　政府は、情勢の推移により必要が生じたときは、基本方針を変更しなければならない。

6　第三項及び第四項の規定は、基本方針の変更について準用する。

（都道府県方針）

第八条　都道府県知事は、基本方針に基づき、当該都道府県の区域内におけるアイヌ施策を推進するための方針（以下この条及び第十条において「都道府県方針」という。）を定めるよう努めるものとする。

2　都道府県方針には、おおむね次に掲げる事項を定めるものとする。

一　アイヌ施策の目標に関する事項

二　当該都道府県が実施すべきアイヌ施策に関する方

針

三　前二号に掲げるもののほか、アイヌ施策の推進のために必要な事項

3　都道府県知事は、都道府県方針に他の地方公共団体と関係がある事項を定めようとするときは、当該事項について、あらかじめ、当該他の地方公共団体の長の意見を聴かなければならない。

4　都道府県知事は、都道府県方針を定めたときは、遅滞なく、これを公表するよう努めるとともに、関係市町村長に通知しなければならない。

5　前二項の規定は、都道府県方針の変更について準用する。

第三章　民族共生象徴空間構成施設の管理に関する措置

第九条　国土交通大臣及び文部科学大臣は、第二十条第一項の規定による指定をしたときは、民族共生象徴空間構成施設の管理を当該指定を受けた者（次項において「指定法人」という。）に委託するものとする。

2　前項の規定により管理の委託を受けた指定法人は、当該委託を受けて行う民族共生象徴空間構成施設の管理に要する費用に充てるために、民族共生象徴空間構成施設につき入場料その他の料金（第二十二条第二項において「入場料等」という。）を徴収することができる。

3　前項に定めるもののほか、第一項の規定による委託について必要な事項は、政令で定める。

第四章　アイヌ施策推進地域計画の認定等

（アイヌ施策推進地域計画の認定）

第十条　市町村は、単独で又は共同して、基本方針に基づき（当該市町村を包括する都道府県の知事が都道府県方針を定めているときは、基本方針に基づくとともに、当該都道府県方針を勘案して）、内閣府令で定めるところにより、当該市町村の区域内におけるアイヌ施策を推進するための計画（以下「アイヌ施策推進地域計画」という。）を作成し、内閣総理大臣の認定を申請することができる。

2　アイヌ施策推進地域計画には、次に掲げる事項を記載するものとする。

一　アイヌ施策推進地域計画の目標

二　アイヌ施策の推進に必要な次に掲げる事業に関す

る事項

イ　アイヌ文化の保存又は継承に資する事業

ロ　アイヌの伝統等に関する理解の促進に資する事業

ハ　観光の振興その他の産業の振興に資する事業

ニ　地域内若しくは地域間の交流又は国際交流の促進に資する事業

ホ　その他内閣府令で定める事業

三　計画期間

四　その他内閣府令で定める事項

3　市町村は、アイヌ施策推進地域計画を作成しようとするときは、これに記載しようとする前項第二号に規定する事業を実施する者の意見を聴かなければならない。

4　第二項第二号（ニを除く。）に規定する事業に関する事項には、アイヌにおいて継承されてきた儀式の実施その他のアイヌ文化の振興等に利用するための林産物を国有林野（国有林野の管理経営に関する法律（昭和二十六年法律第二百四十六号）第二条第一項に規定する国有林野をいう。第十六条第一項において同じ。）において採取する事業に関する事項を記載することができる。

5　前項に定めるもののほか、第二項第二号（ニを除く。）に規定する事業に関する事項には、アイヌにおいて継承されてきた儀式若しくは漁法（以下この項において「儀式等」という。）の保存若しくは継承又は儀式等に関する知識の普及及び啓発に利用するためのさけを内水面（漁業法（昭和二十四年法律第二百六十七号）第八条第三項に規定する内水面をいう。）において採捕する事業（以下この条及び第十七条において「内水面さけ採捕事業」という。）に関する事項を記載することができる。この場合においては、内水面さけ採捕事業ごとに、当該内水面さけ採捕事業を実施する区域を記載するものとする。

6　前二項に定めるもののほか、第二項第二号（ハに係る部分に限る。）に規定する事業に関する事項には、当該市町村における地域の名称又はその略称を含む商標の使用をし、又は使用をすると見込まれる商品又は役務の需要の開拓を行う事業（以下この項及び第十八条において「商品等需要開拓事業」という。）に関する事項を記載することができる。この場合においては、商品等需要開拓事業ごとに、当該商品等需要開拓事業の目標及び実施期間を記載するものとする。

7　第二項第二号イからホまでのいずれかの事業を実施しようとする者は、市町村に対して、アイヌ施策推進地域計画を作成することを提案することができる。この場合においては、基本方針に即して、当該提案に係るアイヌ施策推進地域計画の素案を作成して、これを提示しなければならない。

8　前項の規定による提案を受けた市町村は、当該提案に基づきアイヌ施策推進地域計画を作成するか否かについて、遅滞なく、当該提案をした者に通知しなければならない。この場合において、アイヌ施策推進地域計画を作成しないこととするときは、その理由を明らかにしなければならない。

9　内閣総理大臣は、第一項の規定による認定の申請があった場合において、アイヌ施策推進地域計画が次に掲げる基準に適合すると認めるときは、その認定をするものとする。

一　基本方針に適合するものであること。

二　当該アイヌ施策推進地域計画の実施が当該地域におけるアイヌ施策の推進に相当程度寄与するものであると認められること。

三　円滑かつ確実に実施されると見込まれるものであること。

10　内閣総理大臣は、前項の認定を行うに際し必要と認めるときは、アイヌ政策推進本部に対し、意見を求めることができる。

11　内閣総理大臣は、第九項の認定をしようとするときは、その旨を当該認定に係るアイヌ施策推進地域計画を作成した市町村を包括する都道府県の知事に通知しなければならない。この場合において、当該都道府県の知事が都道府県方針を定めているときは、同項の認定に関し、内閣総理大臣に対し、意見を述べることができる。

12　内閣総理大臣は、アイヌ施策推進地域計画に特定事業関係事項（第四項から第六項までのいずれかに規定する事項をいう。以下同じ。）が記載されている場合において、第九項の認定をしようとするときは、当該特定事業関係事項について、当該特定事業関係事項に係る国の関係行政機関の長（以下単に「国の関係行政機関の長」という。）の同意を得なければならない。

13　内閣総理大臣は、アイヌ施策推進地域計画に内水面さけ採捕事業に関する事項が記載されている場合において、第九項の認定をしようとするときは、当該アイヌ施策推進地域計画を作成した市町村（市町村が共同して作成したときは、当該内水面さけ採捕事業を実施する区域を含む市町村に限る。）を包括する都道府県の知事の意見を聴かなければならない。

14　内閣総理大臣は、第九項の認定をしたときは、遅滞なく、その旨を公示しなければならない。

（認定を受けたアイヌ施策推進地域計画の変更）

第十一条　市町村は、前条第九項の認定を受けたアイヌ施策推進地域計画の変更（内閣府令で定める軽微な変更を除く。）をしようとするときは、内閣総理大臣の認定を受けなければならない。

2　前条第三項から第十四項までの規定は、同条第九項の認定を受けたアイヌ施策推進地域計画の変更について準用する。

（報告の徴収）

第十二条　内閣総理大臣は、第十条第九項の認定（前条第一項の変更の認定を含む。）を受けた市町村（以下「認定市町村」という。）に対し、第十条第九項の認定を受けたアイヌ施策推進地域計画（前条第一項の変更の認定があったときは、その変更後のもの。以下「認定アイヌ施策推進地域計画」という。）の実施の状況について報告を求めることができる。

2　国の関係行政機関の長は、認定アイヌ施策推進地域計画に特定事業関係事項が記載されている場合には、認定市町村に対し、当該特定事業関係事項の実施の状況について報告を求めることができる。

（措置の要求）

第十三条　内閣総理大臣は、認定アイヌ施策推進地域計画の適正な実施のため必要があると認めるときは、認定市町村に対し、当該認定アイヌ施策推進地域計画の実施に関し必要な措置を講ずることを求めることができる。

2　国の関係行政機関の長は、認定アイヌ施策推進地域計画に特定事業関係事項が記載されている場合において、当該特定事業関係事項の適正な実施のため必要があると認めるときは、認定市町村に対し、当該特定事業関係事項の実施に関し必要な措置を講ずることを求めることができる。

（認定の取消し）

第十四条　内閣総理大臣は、認定アイヌ施策推進地域計画が第十条第九項各号のいずれかに適合しなくなったと認めるときは、その認定を取り消すことができる。この場合において、当該認定アイヌ施策推進地域計画に特定事業関係事項が記載されているときは、内閣総理大臣は、あらかじめ、国の関係行政機関の長にその旨を通知しなければならない。

2　前項の規定による通知を受けた国の関係行政機関の長は、同項の規定による認定の取消しに関し、内閣総理大臣に意見を述べることができる。

3　前項に規定する場合のほか、国の関係行政機関の長は、認定アイヌ施策推進地域計画に特定事業関係事項が記載されている場合には、第一項の規定による認定の取消しに関し、内閣総理大臣に意見を述べることができる。

4　第十条第十四項の規定は、第一項の規定による認定の取消しについて準用する。

第五章　認定アイヌ施策推進地域計画に基づく事業に対する特別の措置

(交付金の交付等)

第十五条　国は、認定市町村に対し、認定アイヌ施策推進地域計画に基づく事業（第十条第二項第二号に規定するものに限る。）の実施に要する経費に充てるため、内閣府令で定めるところにより、予算の範囲内で、交付金を交付することができる。

2　前項の交付金を充てて行う事業に要する費用については、他の法令の規定に基づく国の負担若しくは補助又は交付金の交付は、当該規定にかかわらず、行わないものとする。

3　前二項に定めるもののほか、第一項の交付金の交付に関し必要な事項は、内閣府令で定める。

(国有林野における共用林野の設定)

第十六条　農林水産大臣は、国有林野の経営と認定市町村（第十条第四項に規定する事項を記載した認定アイヌ施策推進地域計画を作成した市町村に限る。以下この項において同じ。）の住民の利用とを調整することが土地利用の高度化を図るため必要であると認めるときは、契約により、当該認定市町村の住民又は当該認定市町村内の一定の区域に住所を有する者に対し、これらの者が同条第四項の規定により記載された事項に係る国有林野をアイヌにおいて継承されてきた儀式の実施その他のアイヌ文化の振興等に利用するための林産物の採取に共同して使用する権利を取得させることができる。

2　前項の契約は、国有林野の管理経営に関する法律第十八条第三項に規定する共用林野契約とみなして、同法第五章（同条第一項及び第二項を除く。）の規定を適用する。この場合において、同条第三項本文中「第一項」とあるのは「アイヌの人々の誇りが尊重される社会を実現するための施策の推進に関する法律（平成三十一年法律第十六号）第十六条第一項」と、「市町村」とあるのは「認定市町村（同法第十二条第一項に規定する認定市町村をいう。以下同じ。）」と、同項ただし書並びに同法第十九条第五号、第二十二条第一項及び第二十四条中「市町村」とあるのは「認定市町村」と、同法第十八条第四項中「第一項」とあり、及び同法第二十一条の二中「第十八条」とあるのは「アイヌの人々の誇りが尊重される社会を実現するための施策の推進に関する法律第十六条第一項」とする。

（漁業法及び水産資源保護法による許可についての配慮）

第十七条　農林水産大臣又は都道府県知事は、認定アイヌ施策推進地域計画に記載された内水面さけ採捕事業の実施のため漁業法第六十五条第一項若しくは第二項又は水産資源保護法（昭和二十六年法律第三百十三号）第四条第一項若しくは第二項の規定に基づく農林水産省令又は都道府県の規則の規定による許可が必要とされる場合において、当該許可を求められたときは、当該内水面さけ採捕事業が円滑に実施されるよう適切な配慮をするものとする。

（商標法の特例）

第十八条　認定アイヌ施策推進地域計画に記載された商品等需要開拓事業については、当該商品等需要開拓事業の実施期間（次項及び第三項において単に「実施期間」という。）内に限り、次項から第六項までの規定を適用する。

2　特許庁長官は、認定アイヌ施策推進地域計画に記載された商品等需要開拓事業に係る商品又は役務に係る地域団体商標の商標登録（商標法（昭和三十四年法律第百二十七号）第七条の二第一項に規定する地域団体商標の商標登録をいう。以下この項及び次項において同じ。）

について、同法第四十条第一項若しくは第二項又は第四十一条の二第一項若しくは第七項の登録料を納付すべき者が当該商品又は役務に係る商品等需要開拓事業の実施主体であるときは、政令で定めるところにより、当該登録料（実施期間内に地域団体商標の商標登録を受ける場合のもの又は実施期間内に地域団体商標の商標登録に係る商標権の存続期間の更新登録の申請をする場合のものに限る。）を軽減し、又は免除することができる。この場合において、同法第十八条第二項並びに第二十三条第一項及び第二項の規定の適用については、これらの規定中「納付があつたとき」とあるのは、「納付又はその納付の免除があつたとき」とする。

3　特許庁長官は、認定アイヌ施策推進地域計画に記載された商品等需要開拓事業に係る商品又は役務に係る地域団体商標の商標登録について、当該地域団体商標の商標登録を受けようとする者が当該商品又は役務に係る商品等需要開拓事業の実施主体であるときは、政令で定めるところにより、商標法第七十六条第二項の規定により納付すべき商標登録出願の手数料（実施期間内に商標登録出願をする場合のものに限る。）を軽減し、又は免除することができる。

4　商標法第四十条第一項若しくは第二項又は第四十一条の二第一項若しくは第七項の登録料は、商標権が第二項の規定による登録料の軽減又は免除（以下この項において「減免」という。）を受ける者を含む者の共有に係る場合であって持分の定めがあるときは、同法第四十条第一項若しくは第二項又は第四十一条の二第一項若しくは第七項の規定にかかわらず、各共有者ごとにこれらに規定する登録料の金額（減免を受ける者にあっては、その減免後の金額）にその持分の割合を乗じて得た額を合算して得た額とし、その額を納付しなければならない。

5　商標登録出願により生じた権利が第三項の規定による商標登録出願の手数料の軽減又は免除（以下この項において「減免」という。）を受ける者を含む者の共有に係る場合であって持分の定めがあるときは、これらの者が自己の商標登録出願により生じた権利について商標法第七十六条第二項の規定により納付すべき商標登録出願の手数料は、同項の規定にかかわらず、各共有者ごとに同項に規定する商標登録出願の手数料の金額（減免を受ける者にあっては、その減免後の金額）にその持分の割合を乗じて得た額を合算して得た額とし、その額を納付しなければならない。

6　前二項の規定により算定した登録料又は手数料の金額に十円未満の端数があるときは、その端数は、切り捨てるものとする。

（地方債についての配慮）

第十九条　認定市町村が認定アイヌ施策推進地域計画に基づいて行う事業に要する経費に充てるため起こす地方債については、国は、当該認定市町村の財政状況が許す限り起債ができるよう、及び資金事情が許す限り財政融資資金をもって引き受けるよう特別の配慮をするものとする。

第六章　指定法人

（指定等）

第二十条　国土交通大臣及び文部科学大臣は、アイヌ文化の振興等を目的とする一般社団法人又は一般財団法人であって、次条に規定する業務を適正かつ確実に行うことができると認められるものを、その申請により、全国を通じて一に限り、同条に規定する業務を行う者として指定することができる。

2　国土交通大臣及び文部科学大臣は、前項の申請をした者が次の各号のいずれかに該当するときは、同項の規定による指定をしてはならない。

一　この法律の規定により罰金の刑に処せられ、その執行を終わり、又は執行を受けることがなくなった日から二年を経過しない者であること。

二　第三十条第一項の規定により指定を取り消され、その取消しの日から二年を経過しない者であること。

三　その役員のうちに、次のいずれかに該当する者があること。

イ　禁錮以上の刑に処せられ、又はこの法律の規定により罰金の刑に処せられ、その執行を終わり、又はその執行を受けることがなくなった日から二年を経過しない者

ロ　第二十七条第二項の規定による命令により解任され、その解任の日から二年を経過しない者

3　国土交通大臣及び文部科学大臣は、第一項の規定による指定をしたときは、当該指定を受けた者（以下「指

定法人」という。）の名称、住所及び事務所の所在地を公示しなければならない。

4　指定法人は、その名称、住所又は事務所の所在地を変更しようとするときは、あらかじめ、その旨を国土交通大臣及び文部科学大臣に届け出なければならない。

5　国土交通大臣及び文部科学大臣は、前項の規定による届出があったときは、当該届出に係る事項を公示しなければならない。

（業務）

第二十一条　指定法人は、次に掲げる業務を行うものとする。

一　第九条第一項の規定による委託を受けて民族共生象徴空間構成施設の管理を行うこと。

二　アイヌ文化を継承する者の育成その他のアイヌ文化の振興に関する業務を行うこと。

三　アイヌの伝統等に関する広報活動その他のアイヌの伝統等に関する知識の普及及び啓発を行うこと。

四　アイヌ文化の振興等に資する調査研究を行うこと。

五　アイヌ文化の振興、アイヌの伝統等に関する知識の普及及び啓発又はアイヌ文化の振興等に資する調査研究を行う者に対して、助言、助成その他の援助を行うこと。

六　前各号に掲げるもののほか、アイヌ文化の振興等を図るために必要な業務を行うこと。

（民族共生象徴空間構成施設管理業務規程）

第二十二条　指定法人は、前条第一号に掲げる業務（以下「民族共生象徴空間構成施設管理業務」という。）に関する規程（以下「民族共生象徴空間構成施設管理業務規程」という。）を定め、国土交通大臣及び文部科学大臣の認可を受けなければならない。これを変更しようとするときも、同様とする。

2　民族共生象徴空間構成施設管理業務規程には、民族共生象徴空間構成施設管理業務の実施の方法、民族共生象徴空間構成施設の入場料等その他の国土交通省令・文部科学省令で定める事項を定めておかなければならない。

3　国土交通大臣及び文部科学大臣は、第一項の認可をした民族共生象徴空間構成施設管理業務規程が民族共生象徴空間構成施設管理業務の適正かつ確実な実施上不適当となったと認めるときは、指定法人に対し、これを変更すべきことを命ずることができる。

（事業計画等）

第二十三条 指定法人は、毎事業年度、事業計画書及び収支予算書を作成し、当該事業年度の開始前に（第二十条第一項の規定による指定を受けた日の属する事業年度にあっては、その指定を受けた後遅滞なく）、国土交通大臣及び文部科学大臣の認可を受けなければならない。これを変更しようとするときも、同様とする。

2 指定法人は、毎事業年度、事業報告書及び収支決算書を作成し、当該事業年度の終了後三月以内に国土交通大臣及び文部科学大臣に提出しなければならない。

（区分経理）

第二十四条 指定法人は、国土交通省令・文部科学省令で定めるところにより、民族共生象徴空間構成施設管理業務に関する経理と民族共生象徴空間構成施設管理業務以外の業務に関する経理とを区分して整理しなければならない。

（国派遣職員に係る特例）

第二十五条 国家公務員法（昭和二十二年法律第百二十号）第百六条の二第三項に規定する退職手当通算法人には、指定法人を含むものとする。

2 国派遣職員（国家公務員法第二条に規定する一般職に属する職員が、任命権者又はその委任を受けた者の要請に応じ、指定法人の職員（常時勤務に服することを要しない者を除き、第二十一条に規定する業務に従事する者に限る。以下この項において同じ。）となるため退職し、引き続いて当該指定法人の職員となり、引き続き当該指定法人の職員として在職している場合における当該指定法人の職員をいう。次項において同じ。）は、国家公務員退職手当法（昭和二十八年法律第百八十二号）第七条の二及び第二十条第三項の規定の適用については、同法第七条の二第一項に規定する公庫等職員とみなす。

3 指定法人又は国派遣職員は、国家公務員共済組合法（昭和三十三年法律第百二十八号）第百二十四条の二の規定の適用については、それぞれ同条第一項に規定する公庫等又は公庫等職員とみなす。

（職員の派遣等についての配慮）

第二十六条 前条に規定するもののほか、国は、指定法人が行う第二十一条に規定する業務の適正かつ確実な遂行を図るため必要があると認めるときは、職員の派遣その他の適当と認める人的援助について必要な配慮を加えるよう努めるものとする。

（役員の選任及び解任）

第二十七条　指定法人の第二十一条に規定する業務に従事する役員の選任及び解任は、国土交通大臣及び文部科学大臣の認可を受けなければ、その効力を生じない。

2　国土交通大臣及び文部科学大臣は、指定法人の第二十一条に規定する業務に従事する役員が、この法律若しくはこの法律に基づく命令若しくはこれらに基づく処分若しくは民族共生象徴空間構成施設管理業務規程に違反する行為をしたとき、同条に規定する業務に関し著しく不適当な行為をしたとき、又はその在任により指定法人が第二十条第二項第三号に該当することとなるときは、指定法人に対し、その役員を解任すべきことを命ずることができる。

（報告の徴収及び立入検査）

第二十八条　国土交通大臣及び文部科学大臣は、この法律の施行に必要な限度において、指定法人に対し、その業務に関し報告をさせ、又はその職員に、指定法人の事務所に立ち入り、業務の状況若しくは帳簿、書類その他の物件を検査させ、若しくは関係者に質問させることができる。

2　前項の規定により立入検査をする職員は、その身分を示す証明書を携帯し、関係者の請求があったときは、これを提示しなければならない。

3　第一項の規定による立入検査の権限は、犯罪捜査のために認められたものと解してはならない。

（監督命令）

第二十九条　国土交通大臣及び文部科学大臣は、この法律を施行するため必要があると認めるときは、指定法人に対し、第二十一条に規定する業務に関し監督上必要な命令をすることができる。

（指定の取消し等）

第三十条　国土交通大臣及び文部科学大臣は、指定法人が次の各号のいずれかに該当するときは、第二十条第一項の規定による指定を取り消すことができる。

一　この法律又はこの法律に基づく命令に違反したとき。

二　第二十一条に規定する業務を適正かつ確実に実施することができないおそれがある者となったとき。

三　第二十二条第一項の規定により認可を受けた民族共生象徴空間構成施設管理業務規程によらないで民族共生象徴空間構成施設管理業務を行ったとき。

四　第二十二条第三項、第二十七条第二項又は前条の規定による命令に違反したとき。

五　不当に民族共生象徴空間構成施設管理業務を実施しなかったとき。

2　国土交通大臣及び文部科学大臣は、前項の規定により第二十条第一項の規定による指定を取り消したときは、その旨を公示しなければならない。

（指定を取り消した場合における経過措置）

第三十一条　前条第一項の規定により第二十条第一項の規定による指定を取り消した場合において、国土交通大臣及び文部科学大臣がその取消し後に新たに指定法人を指定したときは、取消しに係る指定法人の民族共生象徴空間構成施設管理業務に係る財産は、新たに指定を受けた指定法人に帰属する。

2　前項に定めるもののほか、前条第一項の規定により第二十条第一項の規定による指定を取り消した場合における民族共生象徴空間構成施設管理業務に係る財産の管理その他所要の経過措置（罰則に関する経過措置を含む。）は、合理的に必要と判断される範囲内において、政令で定めることができる。

第七章　アイヌ政策推進本部

（設置）

第三十二条　アイヌ施策を総合的かつ効果的に推進するため、内閣に、アイヌ政策推進本部（以下「本部」という。）を置く。

（所掌事務）

第三十三条　本部は、次に掲げる事務をつかさどる。

一　基本方針の案の作成に関すること。

二　基本方針の実施を推進すること。

三　前二号に掲げるもののほか、アイヌ施策で重要なものの企画及び立案並びに総合調整に関すること。

（組織）
第三十四条　本部は、アイヌ政策推進本部長、アイヌ政策推進副本部長及びアイヌ政策推進本部員をもって組織する。
（アイヌ政策推進本部長）
第三十五条　本部の長は、アイヌ政策推進本部長（以下「本部長」という。）とし、内閣官房長官をもって充てる。
2　本部長は、本部の事務を総括し、所部の職員を指揮監督する。
（アイヌ政策推進副本部長）
第三十六条　本部に、アイヌ政策推進副本部長（次項及び次条第二項において「副本部長」という。）を置き、国務大臣をもって充てる。
2　副本部長は、本部長の職務を助ける。
（アイヌ政策推進本部員）
第三十七条　本部に、アイヌ政策推進本部員（次項において「本部員」という。）を置く。
2　本部員は、次に掲げる者（第一号から第八号までに掲げる者にあっては、副本部長に充てられたものを除く。）をもって充てる。
一　法務大臣
二　外務大臣
三　文部科学大臣
四　厚生労働大臣
五　農林水産大臣
六　経済産業大臣
七　国土交通大臣
八　環境大臣
九　前各号に掲げる者のほか、本部長及び副本部長以外の国務大臣のうちから、本部の所掌事務を遂行するために特に必要があると認める者として内閣総理大臣が指定する者
（資料の提出その他の協力）
第三十八条　本部は、その所掌事務を遂行するため必要があると認めるときは、関係行政機関、地方公共団体、独立行政法人（独立行政法人通則法（平成十一年法律第百三号）第二条第一項に規定する独立行政法人をいう。）及び地方独立行政法人（地方独立行政法人法（平成十五年法律第百十八号）第二条第一項に規定する地方独立行政法人をいう。）の長並びに特殊法人（法律により直接

に設立された法人又は特別の法律により特別の設立行為をもって設立された法人であって、総務省設置法（平成十一年法律第九十一号）第四条第一項第九号の規定の適用を受けるものをいう。）の代表者に対して、資料の提出、意見の表明、説明その他必要な協力を求めることができる。

2　本部は、その所掌事務を遂行するため特に必要があると認めるときは、前項に規定する者以外の者に対しても、必要な協力を依頼することができる。

（事務）

第三十九条　本部に関する事務は、内閣官房において処理し、命を受けて内閣官房副長官補が掌理する。

（主任の大臣）

第四十条　本部に係る事項については、内閣法（昭和二十二年法律第五号）にいう主任の大臣は、内閣総理大臣とする。

（政令への委任）

第四十一条　この法律に定めるもののほか、本部に関し必要な事項は、政令で定める。

第八章　雑則

（権限の委任）

第四十二条　この法律に規定する国土交通大臣の権限は、国土交通省令で定めるところにより、その一部を北海道開発局長に委任することができる。

2　第十六条の規定による農林水産大臣の権限は、農林水産省令で定めるところにより、その一部を森林管理局長に委任することができる。

3　前項の規定により森林管理局長に委任された権限は、農林水産省令で定めるところにより、森林管理署長に委任することができる。

（命令への委任）

第四十三条　この法律に定めるもののほか、この法律の実施のため必要な事項は、命令で定める。

（罰則）

第四十四条　第二十八条第一項の規定による報告をせず、若しくは虚偽の報告をし、又は同項の規定による検査を拒み、妨げ、若しくは忌避し、若しくは同項の規定による質問に対して陳述せず、若しくは虚偽の陳述をした者は、三十万円以下の罰金に処する。

2　法人の代表者又は法人若しくは人の代理人、使用人その他の従業者が、その法人又は人の業務に関し、前項の違反行為をしたときは、行為者を罰するほか、その法人又は人に対して同項の刑を科する。

第四十五条　第二十九条の規定による命令に違反した者は、五十万円以下の過料に処する。

附　則　抄

（施行期日）

第一条　この法律は、公布の日から起算して一月を超えない範囲内において政令で定める日から施行する。ただし、附則第四条及び第八条の規定は、公布の日から施行する。

（アイヌ文化の振興並びにアイヌの伝統等に関する知識の普及及び啓発に関する法律の廃止）

第二条　アイヌ文化の振興並びにアイヌの伝統等に関する知識の普及及び啓発に関する法律（平成九年法律第五十二号）は、廃止する。

（アイヌ文化の振興並びにアイヌの伝統等に関する知識の普及及び啓発に関する法律の廃止に伴う経過措置）

第三条　前条の規定の施行前にした行為に対する罰則の適用については、なお従前の例による。

（準備行為）

第四条　第二十条第一項の規定による指定を受けようとする者は、この法律の施行前においても、その申請を行うことができる。

＊第五条、六条、七条略

（政令への委任）

第八条　附則第三条及び第四条に定めるもののほか、この法律の施行に関し必要な経過措置は、政令で定める。

（検討）

第九条　政府は、この法律の施行後五年を経過した場合において、この法律の施行の状況について検討を加え、必要があると認めるときは、その結果に基づいて所要の措置を講ずるものとする。

●アイヌの人々の誇りが尊重される社会を実現するための施策の推進に関する法律案に対する附帯決議
2019年4月採決

［衆院国土交通委員会］

政府は、本法の施行に当たっては、次の諸点に留意し、その運用について遺漏なきを期すべきである。

一 「先住民族の権利に関する国際連合宣言」の趣旨を踏まえ、並びに過去の国会決議及び本法に基づき、アイヌ施策を推進するに当たっては、我が国が近代化する過程において多くのアイヌの人々が苦難を受けたという歴史的事実を厳粛に受け止め、アイヌの人々の自主性を尊重し、その意向が十分反映されるよう努めること。

二 アイヌ文化の振興等に資する環境の整備に関する施策の推進に当たっては、アイヌの人々の実態等の把握に努めるとともに、国、地方公共団体等の連携の強化を図ること。

三 アイヌの人々に対する差別を根絶し、アイヌの人々の民族としての誇りの尊重と共生社会の実現を図るため、アイヌに関する教育の充実に向けた取組を推進すること。

四 アイヌの人々の民族としての誇りの尊重と我が国の多様な生活文化の発展を図るため、アイヌの人々の生活支援及び教育支援に資する事業や、存続の危機にあるアイヌ語の復興に向けた取組、アイヌ文化の振興等の充実に今後とも一層努めるとともに、アイヌの人々が北海道のみならず全国において生活していることを踏まえて、北海道外に居住するアイヌの人々を対象とする施策の充実に努めること。

五 本法に基づく措置、とりわけ交付金制度については、本法の目的に沿ってアイヌ施策を適正かつ効率的に推進するため、制度の適切な運用を図ること。

六 本法において特例措置が設けられる認定アイヌ施策推進地域計画に係る地域団体商標の取得を契機に、アイヌ文化のブランド化の確立など産業振興を図るために、交付金制度の活用や国等からのノウハウの提供等により、アイヌの人々の自立を最大限支援すること。

七 内水面におけるさけの採捕や国有林野における林産物の採取といった本法の特例措置に関し、アイヌにおいて継承されてきた儀式の保存又は継承等を事業の目的とする趣旨に鑑み、関係機関と緊密な連携の下、アイヌの人々の視点に立ち、制度の円滑な運用に努めること。

八　民族共生象徴空間への来場により国内外におけるアイヌの伝統等に関する理解の促進が一層図られるよう、広報活動やアクセスの改善等を図ること。また、民族共生象徴空間に関し、適切な運営が図られるよう指定法人に対する指導監督に努めること。

＊参院国土交通委員会でも同趣旨の附帯決議を採決

著者略歴

テッサ・モーリス＝スズキ（Tessa Morris-Suzuki）

1951年、イギリス生まれ。オーストラリア国立大学名誉教授。専門は日本思想史、日本社会史。北大開示文書研究会会員。著書に『辺境から眺める——アイヌが経験する近代』（みすず書房）、『日本を再発明する——時間、空間、ネーション』（以文社）他多数。

市川　守弘（いちかわ・もりひろ）

1954年、東京生まれ。中央大学法学部卒、弁護士。1999年から2002年、コロラド大学ロースクールに留学。著書に『アメリカインディアン法の生成と発展』（日弁連研修叢書）、『アイヌの法的地位と国の不正義』（寿郎社）など。

北大開示文書研究会

2008年、北海道大学が公開したアイヌ遺骨関係の文書を解析し、遺骨返還を支援する目的でアイヌと和人らの協力の元に結成される。映像制作者、教員、弁護士、研究者、ジャーナリスト、宗教者、工芸家、主婦、学生、漁師、イラストレーターなどで構成。共同代表は清水裕二、殿平善彦。

〒077-0032　北海道留萌市宮園町3-39-8（三浦忠雄方）

電話・ファクス：0164-43-0128　Email：ororon38@hotmail.com

http://www.kaijiken.sakura.ne.jp/

アイヌの権利とは何か
――新法・象徴空間・東京五輪と先住民族

2020年7月5日　第1刷発行

編　者　北大開示文書研究会
発行人　竹村正治
発行所　株式会社 かもがわ出版
〒602-8119 京都市上京区堀川通出水西入ル
TEL 075(432)2868　FAX 075(432)2869
ホームページ http://www.kamogawa.co.jp
印刷所　シナノ書籍印刷株式会社

ISBN978-4-7803-1100-6 C0031